トッチ + 礒 正仁
tocchi masahito iso

日月神示、マカバ、フラワーオブライフ

宇宙の最終形態「神聖幾何学」のすべて

[十の流れ]

日月神示、マカバ、フラワーオブライフ
宇宙の最終形態「神聖幾何学」のすべて

[十の流れ]

表紙画像　トッチ
ブックデザイン　櫻井浩（⑥Design）
図版　波琉木
図版協力　折口十一
校正　麦秋アートセンター

夢ヲ追ウヨリ　本質ヘノ目醒メガ　面白イ

日月神示、マカバ、フラワーオブライフ
宇宙の最終形態「神聖幾何学」のすべて10［十の流れ］　目次

第1章　答えは、自分の中に

第3章　大変だから、おもしろい

本書は、２０１８年10月16日にヒカルランドで行われたセミナー『日月神示、マカバ、フラワーオブライフ　宇宙の最終形態「神聖幾何学」のすべて』12回連続講座　第10回（講師：トッチ・特別講師：礒正仁）をもとに、構成・編集したものです。

第1章

答えは、自分の中に

すべてを響かせあいながら循環させている宇宙の源たる仕組み

礒　正仁　本日は12回シリーズセミナーの10回目ですね。

はじめに、これまで9回のセミナーを通して学んできたことの中で、フラワーオブライフの構造と数字（数霊（かずだま））の関係性についておさらいをしておきましょう。

私たちを包みこんでいる立体多次元世界において、すべての生命（いのち）や自然界のさまざまな現象を生みだし、育み（はぐく）、循環させているエネルギーの法則性、その法則性にもとづいた波動（渦（うず））の流れは、数霊であらわすことができます。

それは、０（霊）にはじまり、１～８まででフラワーオブライフの内側の構造体を創造します。中心に集まった陰陽のエネルギー（はじめの立体である正四面体が8つ集まった形であるベクトル平衡体の中心に集まった陰陽の波動）のまぐわいからプラズマエネルギーが発生し、波動（渦の流れ）となって、形を変容させながら、外へと広がり、ふくらんでいきます。

シードオブライフ（種）と呼ばれる1重構造のベクトル平衡体（頂点数は12）は、やがて6つの頂点をもった正八面体へと変容し、さらに広がって、8つの頂点をもったマカバを形成していきます（14ページ参照）。

その後、マカバと2重構造のベクトル平衡体の組みあわせの形へと姿を変え、やがて3重構造のベクトル平衡体へと変容していきます（14ページ参照）。

1重構造ベクトル平衡体
シードオブライフ（種）
＝頂点数12

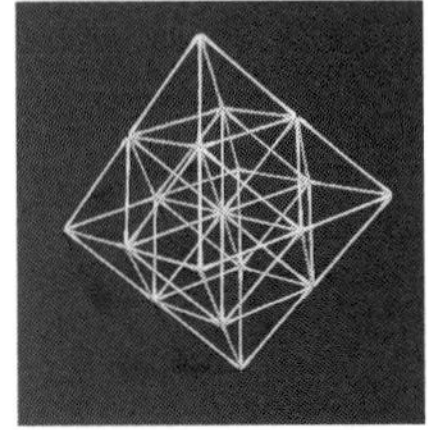

正八面体＝頂点数6

マカバ＝頂点数8

マカバと2重構造ベクトル平衡体

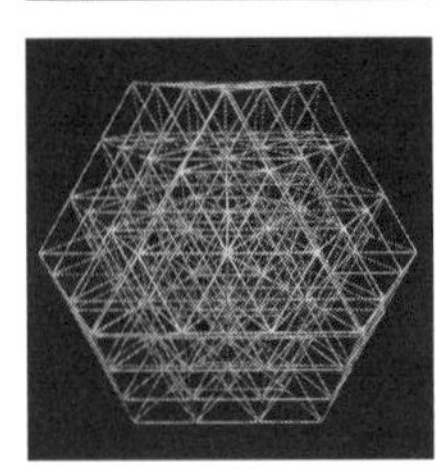

3重構造ベクトル平衡体

これが「亀」と呼ばれるフラワーオブライフの内側の構造体で、エレメントでいうと火、風、土のエレメントを内包しています（16ページ参照）。

この構造体は、3重構造（亀）まで成長したときに、はじめて、構造内のすべての交点（綿棒と綿棒の接点）にエネルギーが通い、トーラス（Torus）という渦の集合体としての流れを全方向（360度）に向けて放ちつつ、同時に、回転を通じて全方向から中心へとエネルギーを集めます。

このとき、「鶴」と呼ばれる構造体が「亀」の外側を覆うように回転しています（16ページ参照）。高速に回転しているので、あたかも真球体に見えますが、正確には、五角形と六角形の組みあわせ（5・6合わせ＝ゴロ合わせ）で構成される波動からなる構造体です（16ページ参照）。

「鶴」は、「9」という数霊であらわされ、エレメントでいうと水（正二十面体）と電気（正十二面体）を主に内包し、電気＝スピリットは「一霊四魂（いちれいしこん）」の「一霊」にあたります（17ページ参照）。

四魂は、「火、風、土、水」の4つのエレメント（17ページ参照）。

外側を覆うように回転している

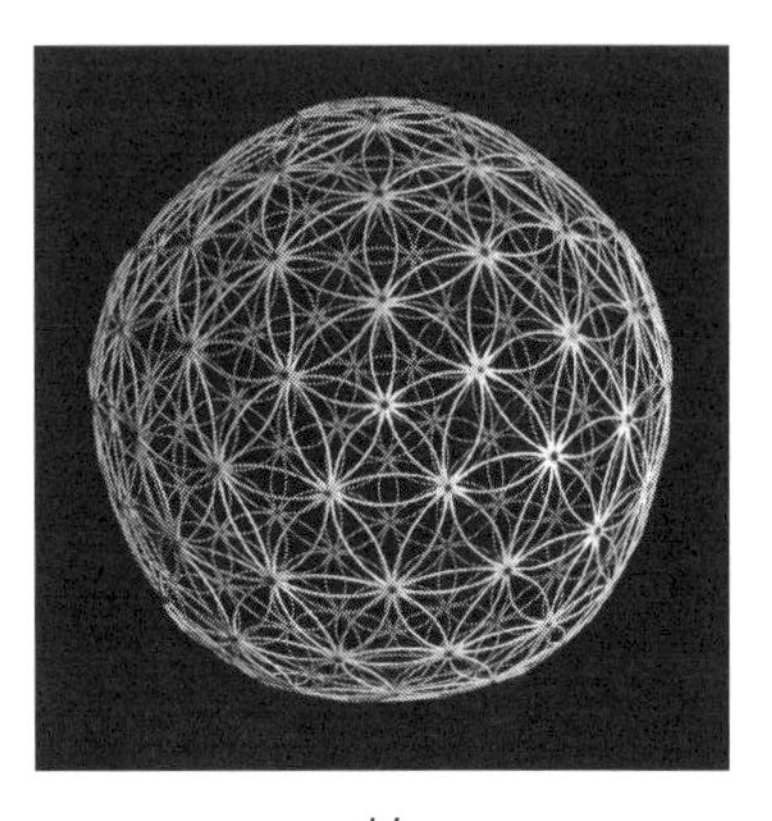

亀

フラワーオブライフの
内側の構造

3重構造のベクトル平衡体
火、風、土の
エレメントを内包

鶴

正確には
五角形と六角形の組みあわせ

鶴

9という数霊であらわされる

水（正二十面体）、電気・スピリット（正十二面体）の
エレメントを主に内包する

〈一霊四魂〉

電気・スピリット
（正十二面体）

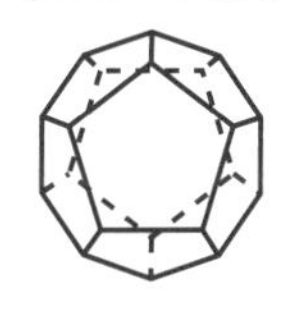

火
（正四面体）

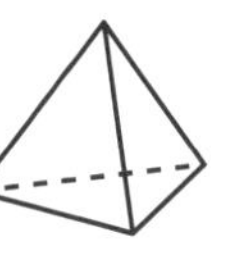

風
（正八面体）

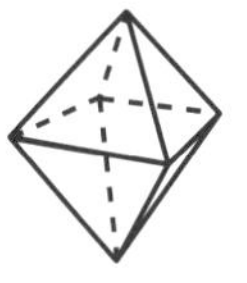

土
（正六面体）

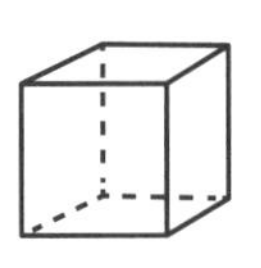

水
（正二十面体）

「鶴と亀が統べって」イノチノハナ、フラワーオブライフが完成します。

これこそが、宇宙のすべてのエネルギー、生命、有形無形のさまざまな現象を生みだし、そのすべてを響かせあいながら循環させている宇宙の源たる仕組みです。

「10」は、神聖な創造エネルギーが分かちあいを重ねていく数霊

礒　フラワーオブライフのエネルギーフィールドの中で波動の流れによって生じる、すべての交点、すべての存在に対して中心の神聖なエネルギーを分かちあうシステム、すべての交点、すべての存在同士がお互いを認めあい、相互にエネルギーを受けとり、与えあって、はじめて成立する聖なる波動の流れを可視化し、形（立体）としてあらわしていただいたものが、私たちが、今、向きあっている形霊です。

たったひとつの交点、たった一本の綿棒、たった一人の存在を、自らの意識の中で否定した瞬間に成立が不可能となり、自分自身が、聖なるエネルギーフィールド（法則性）の外に放りだされてしまう仕組みです。フィールドの外では、立体多次元意識は平面意識へとディセンションし、さらに、ある許容範囲の外まで達すれば、自分自身の存在すらも消滅してしまう道理です。

0～9までの数霊がそろって、無限なる波動が、すべてを生みだすエネルギーとして中心から発動する。すべてがそろい、満ちている（足りている）神づまったエネルギーが、波動同士の交点で分け御霊を重ねながら広がっていく。そのようなエネルギーをあらわした数霊が、「十（じゅう、とう、たり）」だと思います。

本当のエネルギーをまとった祝詞

礒　ひふみ祝詞と同様に、古神道が大切に伝承してきたアメノカズタマ（天ノ数霊）祝詞。

声を出さずにれい（霊）と祝り、続いて声を出して祝る「ひとふたみよいつむゆななやここのたり（〇一二三四五六七八九十）」は、フラワーオブライフが成立していく際の波動のありようを言霊エネルギーとして元ツ神（エネルギーの源）に向けて奏上しています。

実はこのとき、聞こえないところで陰の祝詞であるクニノカズタマ（地ノ数霊）のエネルギーが、同時に流れています。

「たりここやななむついつよみふたひとれい（十九八七六五四三二一〇）」です。

アメ（天）とクニ（地）合わさりて天地。

天地創造の中心にあるのが常に「五」。これまでのセミナーで何度かお話しさせていただいたとおり、「五」はカ（火）とミ（水）が合わさった数霊、立体世界の中心（一霊四魂）の数霊です（22ページ参照）。

アメノカズタマ祝詞の〇の裏側にクニノカズタマ祝詞の十が隠れていて、足して二で割った中心に五が隠されている（0＋10＝10÷2＝5）、一の裏側には九、三の裏側には七が隠れていて、どの組みあわせも中心は「五（神）」となっています（23ページ参照）。

目には見えない隠れている世界、現在の意識からでは感知できない反対側の世界を意識化し、それにもとづいた行動におよんだとき、本当に大切なものが目の前にあらわれる、そして真の生命の響きあいがはじまります。

アメノカズタマはクニノカズタマと、亀は鶴と統べってこそ、中心に鎮座するエネルギーの源である一霊四魂との感応がはじまり、同時にその分け御霊として生まれ出でた八百万の神々（すべての生命）との歓喜の響きあいへと入っていく祝詞の響きが誕生します。

五＝神

アメノカズタマ祝詞

〇 一 二 三 四 五 六 七 八 九 十

ひと ふた み よ いつ むゆ なな や ここのたり

0＋10＝10÷2＝5

←→

中心は五

クニノカズタマ祝詞

十 九 八 七 六 五 四 三 二 一 〇

たり ここ や なな むつ いつ よ み ふた ひと れい

宇宙すべてをつかさどる法則性と全身全霊をもって響きあい、内外へと巡らせてゆく。

本当のエネルギーをまとった祝詞は、日の本（霊の源）の国に古より伝承されてきた大切な言霊ですね。

魂の岩戸開きとは、生きざまとしての実践

礒　世界中が注目しているクール・ジャパン（Cool Japan!）の本質は、見えている形の奥に秘められた、目には見えない軌跡や奥口、すべての生命との響きあいによって形が誕生している奥行きに理解がおよぶ、「ありがとう」に満ちた精神性にあるのだと感じます。

「四と八によってなされたのであるから、森羅万象の悉くがその気を受けている

のであるぞ。原子の世界でもそうであろうが、これが今の行き詰まりの原因であるぞ、八では足らん、十でなくてはならん、〇でなくてはならんぞ。岩戸開きの原因はこれでわかったであろうがな」

（五十黙示録　第六巻　至恩之巻　第六帖）

亀（正四面体〈火＝面と頂点の数が4〉、正八面体〈風＝面の数が8〉、正六面体〈土＝頂点の数が8〉から成りたっている）すなわち4と8からなる構造体の中心からエネルギーが生じている仕組みも、鶴（9＝〇）がともなわなければ、フラワーオブライフは成立しません（26ページ参照）。

4と8の世界、1～8までの数霊だけでは、一霊四魂は、発動しないのですね。繰りかえしになりますが、宇宙を生みだし、育む仕組みは、「鶴亀統べってこそ」のものなのです。

目に見えない世界を観じようとする意識とその世界をつかさどっている法則性を求めなければ、エネルギーと同期することはできない。

正四面体（火）
…面・頂点の数４

正八面体（風）
…面の数８

正六面体（土）
…頂点の数８

亀
（３重構造のベクトル平衡体）

鶴がともなって
フラワーオブライフが成立する

鶴
（９＝○）

＝

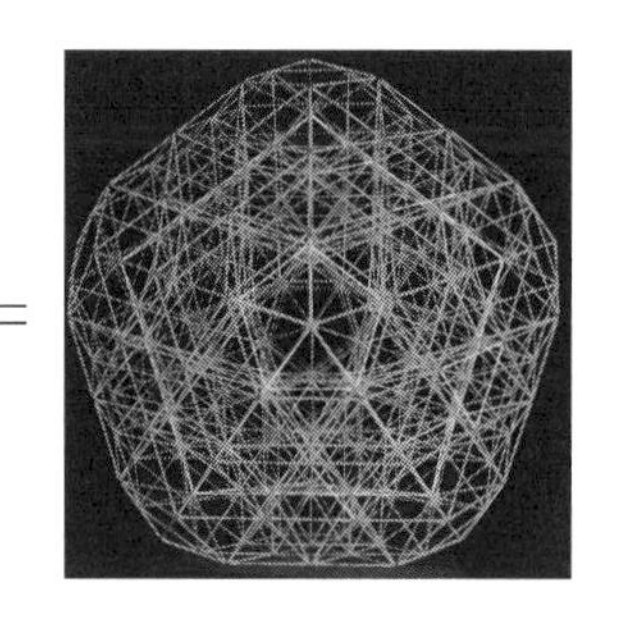

正二十面体（水）

正十二面体（電気・スピリット）

このことを腑に落とし、生きざまとして実践することこそが魂の岩戸開き、意識の立体化＝無限なる世界へとつながっていることを日月神示は教えてくれています。

誰しもが平等に宿している「無限」の正体

礒　さて、本日ここまでの短い時間で、私がお伝えしてきたこと。すべてのエネルギー、生命が生みだされる神仕組み、法則性について。実は、このお話はその奥行きを含めて、長らくの間、最も大切な秘密としてあつかわれてきました。

すでにはじまっている世界レベルでの自然界や生活環境、経済活動を含めた大変容に対応していくために不可欠となる理であり、新しい自分創りの道標となっていくもの。

この世界、この地球を管理している立場の方々が、それぞれの層や立ち位置から非常に慎重に取りあつかってきた本物の秘密のお話であり、私自身、これまでの人生で自ら気づくことすらできませんでした。

トッチさんと出あい、長い時間をかけて実践を通じて教えていただき、ようやく頭の中で整理がつきはじめたところで、今もって十分な体験を通じた立体的理解にはおよんでいないことを先に申しあげておきます。

普遍なる真理と向きあうにあたって、知ったかぶりをするとえらいことになる。このことについては、ほかでもない私自身が、恥ずかしながら実体験を通じ、身をもって受けとってきたことですので（笑）。

トッチさんが真理へと行きつくにあたって体験された途方もない軌跡からすれば、かじった程度の経験をもってわかった気になって、あたかも自分が見出したがごとく真理について語った瞬間に、立体世界（法則性）からエネルギーや叡智が流れてこなくなってしまうばかりか、時間差でしびれが止まらないほどの恥ずかしさの中に心身を連れていかれることになります。

それは、想像を超えた未知なる恥ずかしさでしたね、私の場合。

これこそが神なる学問、神聖幾何学のすばらしいところであり、おそろしいところでもあるわけです。中途半端な気持ちではおつきあいしない方がよい所以ですね。

常に畏敬の念を忘れずに、純粋な情熱をもって求め、謙虚な姿勢で受けとりつづけることが何よりも大切です。

すべてが十（たり）ている宇宙の源たるたったひとつの真理を受けとるために、分け御霊の伝授にふさわしい自らの内なる器づくりが求められます。自分のことを中心において言動を重ねている精神性をもっては、到底受けとることができない尊き叡智です。

誰しもが自らの中心に、その転生のはじめから、分け御霊としての魂、一霊四魂を宿していた。

にもかかわらず、重ねてきたこれまでの転生の軌跡において、「魂の発動」に至るまでの自らの内なる器づくり、立体的な精神性の完成には至れなかったわけです。この事実を、自らがきちんと認めてからでないと、神聖幾何学を学ぶ道には入れないということですね。

現在、目の前で起こっているすべてのできごとが、本質的な気づきと立体意識の目覚め、その一点に向けて生じているのだと思います。

誰しもが平等に、その内に宿している「無限」の正体である一霊四魂、自らのエネルギーの源と向きあうラストチャンスが「今」ということですね。

後ろの正面、だぁれ?

礒　「カゴメ（籠の目）」は、正六角形です。

正三角形が6つ集まると正六角形ができます。

3×6、ミロクですね。

フラワーオブライフの構造体の中には、4つの赤道面（中心点から広がる正六角形）をはじめ、たくさんの六角形が内包されています。この構造体の中を流れているエネルギー（波動）の軌跡にフォーカスして、形として表現したとき、六角形は円（ご縁）となってあらわれます（32ページ参照）。

実際に綿棒と接着剤を用いて作ったことのあるみなさんは、理解することができますよね。

カゴメ（籠の目）は正六角形

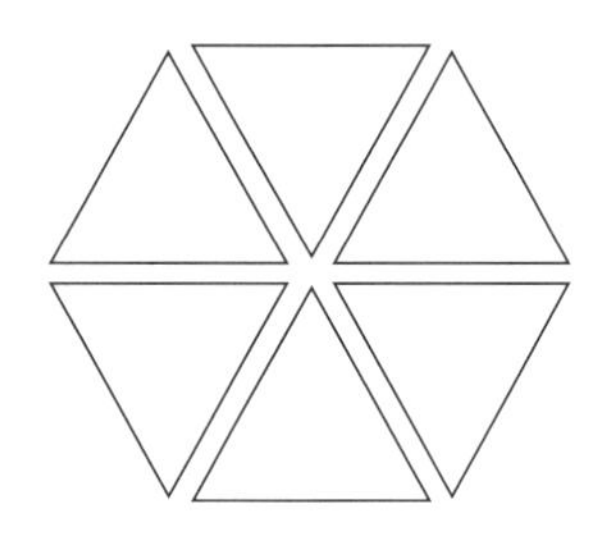

正三角形が6つ集まると正六角形ができる

フラワーオブライフには４つの赤道面

「カゴの中のトリはいついつ出やる？」

鳥は、カラス（八咫烏）やイーグル（鷲）に象徴されるがごとく、神の化身。ニワトリとして表現された場合、それは、オスとメス、陽と陰を示唆する二羽の鳥でもある。

契約の箱（御神輿）の上部に鎮座している陰陽統合を意味する智天使、ケルビムを思いうかべるとわかりやすいでしょうか。

では、籠の中に閉じこめられた神はいつ解きはなたれるのでしょう？

「夜明けの晩に」

夜のしじまの一番暗き陰の極、丑三つ時に一番鶏が鳴動し、やがて夜が明ける日の出の寸前に二番鶏が鳴動し、陰と陽が、かけ合わさって神成り（プラズマ）が生じる。

「鶴と亀（見える世界と見えない世界、陰と陽）が統べる」のですね。

「後ろの正面、だぁれ？」
中心から放たれたエネルギーは、トーラスの渦に乗って、回転しながらぐるりと一周し、ふたたび中心へと戻ってくる。後ろも正面もない波動の世界の中心に鎮座している存在は？

その正体が、神人としてよみがえりしあなた自身であり、その中心には、発動した一霊四魂が高速回転している。

それを可視化するならば、立体世界の極み、「フラワーオブライフ」となるわけです。

内なる魂の発動、意識の立体化に向けて歩みつづけ、完成させることこそが、長き転生の軌跡の行きつく約束の地、人生の本質です。

今、この夜明けの晩に、内なる意識の岩戸を開けば、神人としての無限なる自分自身との出あいが待っていますね。

どれだけ無駄なことにエネルギーと時間を使ってきたか

礒　約束の地へと進みはじめたとき、本当に気づかされることが満載です。

これまでの自分がいかにズレていたか、さまよっていたか。何も気づかずに生きてきてしまったという残念な気持ちと、気づけたよろこびが入りまじった妙な感覚も日増しに深くなっていきます。だからこそ真理を求める欲求も強まってくる。

私の場合、勘違いの最たる部分が、過去に執着して「安定」を求め、変化を恐れて避けてきたこと。

宇宙も自然界も立体世界のすべてが、法則性、真理と同期しながらそれぞれにふさわしいスピードで渦（うず）を描きながら動き、変化しつづけています。

それにもかかわらず私は、自分のものさしを超えた変化にさらされないように、エネルギーと時間を使ってきました。それがどれだけ無駄なことだったのか、そしてまたどれほどもったいなかったのかということを意識できるようになってきました。

地球も高速に回転しながら宇宙空間を1年間に36億キロも移動しているといいます。私たちもまた1年前と36億キロも離れた宇宙空間に存在しているのです。地球は、宇宙空間においてさまざまな周波数の領域を旅しながら、その空間ごとの周波数の変化に適応し続けているわけですね。

そして周期的に、大きな変化、未曾有の変化への適応を求められるタイミングがやってくる。

そのようなより大きな舞台（地球全体規模、自然界・人類全体規模）で起こる大変容のタイミングで、私たちは、母船である地球のどのような変化にもオモシロク対応することができる自分自身の意識をつくっておくことが最重要事項で、個人レベルでの嗜好の違いや意識のかたよりが生みだす衝突といった問題に時間とエネルギーを費やしていること自体が、大いなる変容を前に意味をなさなくなることを腑に落としておく必要があります。

ここに来て、インドネシアで大きな地震（2018年スラウェシ島地震・マグニチュード7・5）があり、日本でも大阪や北海道で震度6レベルの地震（大阪府北部地震、北海道胆振東部地震）が、そして25年ぶりという規模の台風（平成30年台風21号）上陸によって大洪水が発生、世界各地において大規模な山火事や洪水、両極で発生している氷の溶解など、地球上でさまざまなあらわれが生じています。それにもかかわらず、これまでの生き方を根本から改めていこうとする人々がとても少ないのはなぜでしょう。

「頭下げて低うなって見なされよ、必ず高い所から流れてくるぞ。高くとまっているから流れて来んのぢゃ、神の恵みは水のように淡々として低きに流れて来るぞ、自分が自分に騙（だま）されんように心して下されよ、善悪を決めて苦しんで御座るぞ。世界の片端（かたはし）、浜辺からいよいよが起こって来たぞ、夜明け近づいたぞ」

（五十黙示録（いせもくじろく）　第五巻　極（きわ）め之巻　第十六帖）

過去への執着、安定という幻想から目覚めて、変化の積みかさねの先にある世界へと意識の焦点を切りかえていかねばなりませんね。

五節句と数霊

礒　さて、本日は、２０１８年10月16日です。旧暦では、９月８日にあたります。この旧暦９月８日という日付が、日月神示の中にたびたび登場してくるんですね。９と８という数霊から何らかのメッセージが発せられているのでしょうか。

そして日本には、古来より五節句という暦があります。

１月７日・人日の節句、３月３日・上巳の節句、５月５日・端午の節句、７月７日・七夕の節句、そして９月９日・重陽の節句です。

これらは、自然界と同期するために先人から伝承されてきた智慧にあふれた暦の一つだと感じるのですが、本来、この五節句は旧暦に合わせて行われていたものです。

旧暦とグレゴリオ暦とでは、自然界との関わり方、例えば植物の旬などがズレてしまうため、本来の節句の意味が薄らいでしまったりします。

暦の本質は、神事とつながっており、すなわち、どのように自然界に循環するエネルギーと自ら(みずか)を同期させていくかという叡智(えいち)が秘められているように感じます。

五節句の数霊が示すものも神聖幾何学と結びついているはずですね。

旧暦9月8日は、重陽の節句、9月9日の前日にあたります。

日月神示のいう旧暦9月8日

礒　本日は、日月神示からいくつかのメッセージを抜粋し、旧暦9月8日が示している意味も含めて、トッチさんに教えていただこうと思います。

「何の身魂も我の強い身魂ばかり、よく集まったものぢゃと思うであろうが、その我の強い者がお互いに我を折りて、融け合って物事成就するのぢゃぞ。旧九月八日までにスックリと祀りかえてくれよ。真中に御三体の大神様、御三体の大神様、天の日月の大神々様、地の日月の大神々様、雨の神様、風の神様、岩の神様、荒の神様、地震の神様、弥栄祀り結構ぞ、その左に万霊の神様、世の元からの生神様、百々の神様、産土様、よきに祀り、結構致し、祀り始めくれよ、その右に地の日月の神々様、霊の諸々の神様、篤く祀り結構ぞ」

（第十九巻　まつりの巻　第十八帖　四二二）

トッチさん、はじめにこちらの神示からお感じになるところ、みなさんに向けてアドバイスなどあれば、お話しいただけますでしょうか。

トッチ　本当に「9月8日」というのは、日月神示の中にたくさん出てくるんですよね。

ただ、実際には、日付の「9月8日」ということではないんじゃないかなあと思っていて。でも同時に、日付のことでもある、という。

この、「あって、ない」と「あって、ある」という両方を考えてもらいたいんですけど。


一つは本当に、日付というかたちで、「今日までみんな何をやってきたか？」というところを問われるという部分ではあると思うんですけど。

先ほど儀さんがおっしゃっていたように、8が示すものは、この立体フラワーオブライフの構造でいったら、中の構造体（亀＝3重構造のベクトル平衡体）で。9というのは、本当に9＝球、だから球ですよ。この立体が本当に9＝球ですよ。「究極」という言葉がありますけど、それは9・球の極み。だから、この立体（立体フラワーオブライフの外側）のことなんですよね。究極といったら（42ページ参照）。

〈外の構造〉

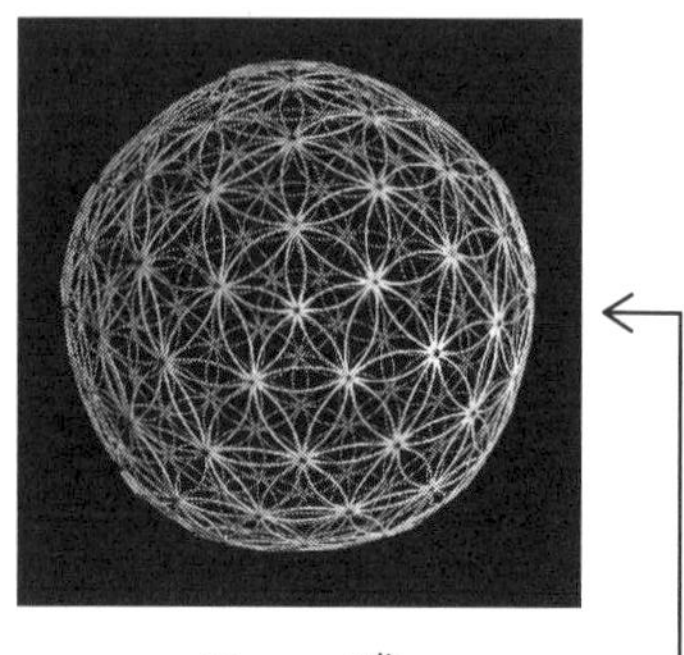

9 ＝ 球

鶴（水と電気・スピリットの構造体）

「究極」

9・球の極み

立体フラワーオブライフの構造でいうと

〈中の構造〉

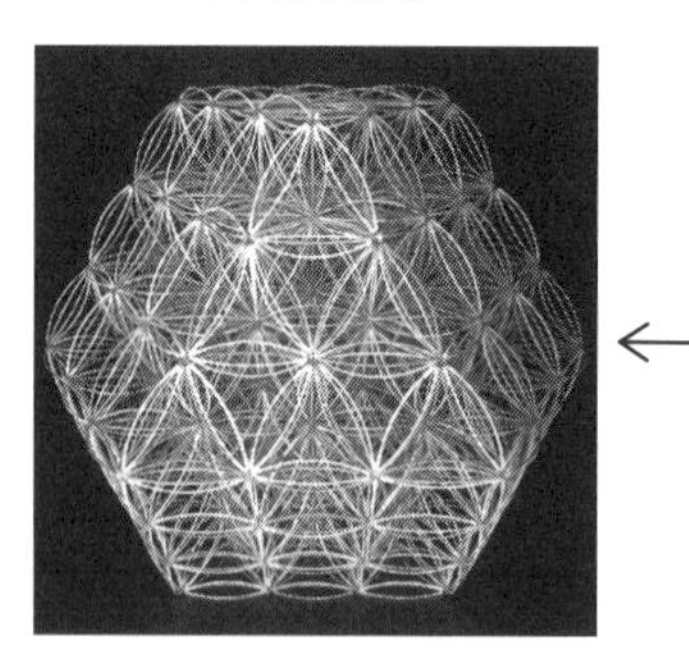

8

亀（3重構造のベクトル平衡体）

そして、8と9を掛けると72という数字が出てくるんですけど。

その72という数字は、五角形をつくるのに必要な数字であったりとか、ユダヤの神様の数だったりだとか、それが掛ける2になれば、144という、精神世界というかスピリチュアルの世界でよく耳にする数字が出てくる。

この会場には女性が多いので、ダイヤモンドが好きな方がいるかなと思いますけど、ダイヤモンドなんていうのは、光の屈折をつくって輝かせるために、144面カットにするんですよね。

だから、全部光の屈折なんですよね。角度だと思っていたものは。実際には、光がどう反転するか、反射するか、というところだったわけです。

そういったことが、日月神示の中にはふんだんに隠れているんじゃないかなあと思うんですけどね。

安定を求め、動きを止め、成長せず持っているものも使えていない

トッチ　「真ん中の御三体（ごさんたい）の大神様」というのは、くっつこうとする神様と、離れようとする神様と、それらが合体している神様と……というのもあると思うんですね。

これらは、構造体を作っていっている人には、なんとなくイメージできるようになってくるんじゃないかなと思うんですね。作っているうちに、いろんな形があらわれてきますから。

でもやっぱり、日月神示を読んでいない、もしくは形も作ったことがないというのであれば、それが何を意味するのかも、知ることができない。

そしてまた、日月神示を降ろした岡本天明（おかもとてんめい）さんが、普通の状態で書いたものでは

ないということを考えると、さらに難しくなる。

というのは、僕たちの時代は、ちょっと精神性みたいなものが欠けているんじゃないかなあと思うんですね。

昔の人たちなんかは、そこらじゅうで、そういった何かが降ってくるような現象というのがあったんじゃないかと思うんですよ。勝手に手が動いちゃうとか、イタコさんみたいな人が普通にいたりだとか。もっともっと、大きなものにつながっていたんだと思うんですよね。

でも、今の社会を見てみると、そんなにつながっているようには感じないというか。

人が亡くなって骨壺に入れられて……ということを考えると、土にも還れない。帰れない。

今、本当に人間って、地球に何も還元していないし、つながっていないんですよね。

土葬や、ほかの方法をとっていたときというのは、そのまま地球にもどっていくわけだから、地球と人間、もしくは動物と僕たち、あるいは植物と僕たちというのは、もっともっとつながっていたんじゃないかなあと思っていて。そういうところを取りもどさないと、と思うんですけども。

ただ、取りもどさなければこの先がどうなる……ということではなくて、それより、ただひたすら僕たちは、地球の変化に合わせていくだけだっていう、非常にシンプルなことなのに、多くの人は安定を求めるんですよね。

安定なんていったら、そこから一切発展することはないわけで。成長がないわけですよね。動きが止まるということだから。

そしてまた、安定を求める時代っていうのは、とっくに終わってますから、っていうね。

そのことに気づくタイミングはたくさんあったわけで。

少なくとも3・11の震災のとき、もっといえば9・11のときに、気づけていたでしょ？

そういうきっかけから何年もたっていて、その間にもいろんなことがいっぱい起きて。それでもわからないんだったら、終わりにしちゃった方がはやいでしょ、って思いませんか？

みなさん、逆の立場だったら、人間じゃなくて地球の立場だったら、そう思いませんか？

今まで何やってたんだろう？　と思うくらいまでいかないと、意識を変えていかないと、こういった立体世界を理解していくという状態にはなれないし、ましてや日月神示といった、世界中にある難しい本も理解できない。

ただ情報を知って、何ができる、というレベルではないほどのものを、みなさんは手に入れようとしている。

というか、そもそも、もともと持っているものさえ使えていない。

それは魂というか、みなさんの「中」のエネルギーが全然発動していない状態なんだと思うんですよね。

今までの考え方や価値観では発動しないんだ、ということを理解しないと。

真理を自分で作っていくもの――綿棒ワーク

トッチ　せっかくこういう立体世界のことが形にできてお伝えできるようになったんですけど、まだ「工作」としてやっている人がたくさんいるんですよね。

これは工作ではなくて。真理を自分でつくっていくというようなものなので。

そこのところに気づいて真剣になることができたら、つながっていくポイントが全然違ってくるといいますか。

この立体はただの綿棒でできていますけど、この1本1本をつなげていくのに、どれほど集中力がいるか。

また、この綿棒は「つける」というよりは「はなす」というかね。綿棒の先をくっつける、というよりは、綿棒の先と先を「はなす」というか、なんですよね。

なんとも表現が難しいんですけれども。

そういった感覚なんかをつかんでいくことができると、とてもおもしろくできていったりもするんですけど。

日月神示の中にも

「雨の神様、風の神様、岩の神様、荒の神様、地震の神様、百々（もも）の神様、世の元からの生神様、産土（うぶすな）の神様」

（第十三巻　雨の巻　第十七帖　三五一）

「釈迦、キリスト、マホメット様」

（第十八巻　光の巻　第二帖　三九八）

「百々八百万（ももやおよろず）の神々様」

（第二十巻　梅の巻　第六帖　四三三）

とかありますけど。

本当にすべてですよ。全部。

じゃあ、その全部ってなんだ？　といったら、全部がひとつになっているもので。それは、こういう構造（51ページ参照）になってくると思いますよ。

もし形にしようとした場合にはね。

そして、この球体に関していえば、これは水と電気（スピリット）のエレメントをメインとしてあらわしているんですけど。今「メインとしてあらわしている」と言ったのは、水と電気なんだけれども、火も入っているし風も入っているし。火と風が入っているということは、もう土も入っているんですよ（52ページ参照）。

こういうことを理解していくには、実際に作ってみるしかなくて。作ることでしか、知ることはできないんですけどもね。

全部がひとつになっているものを形にすると

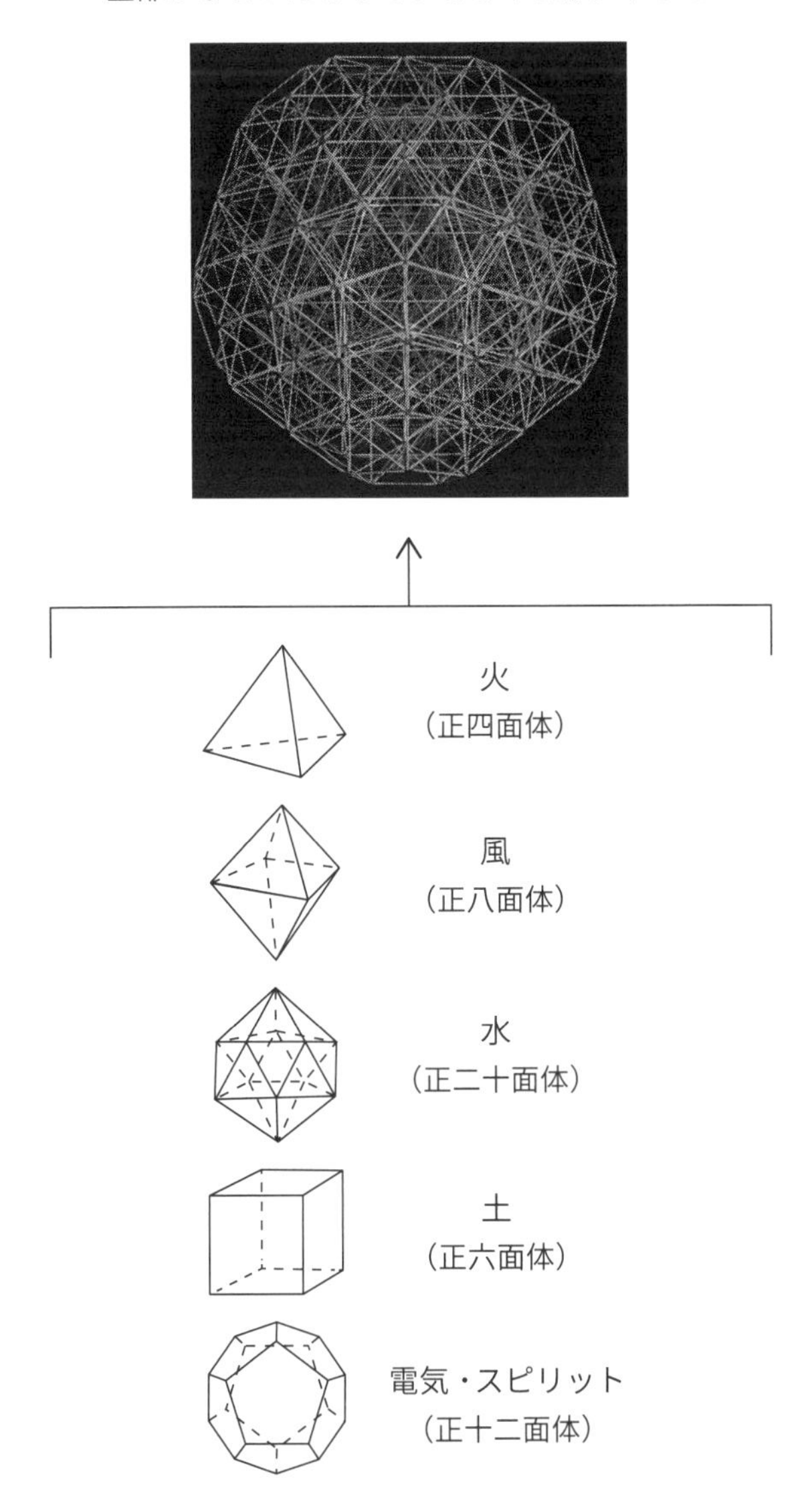

球体は
水と電気のエレメントを
「メインとしてあらわしている」が

水
（正二十面体）

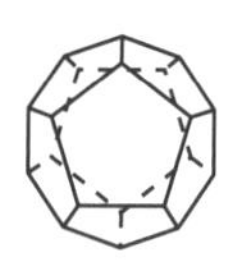

電気・スピリット
（正十二面体）

そこには
「火」が含まれ「風」も含まれ
火と風が含まれるということは、
「土」も含まれているということになる

そこに何を見ることができるか?

トッチ　この空間の中(球体の構造の中・54ページ参照)に、みなさんが何を見られるか?　というところでもあると思うんですね。

この中はただの空間ではなくて、先ほど礒さんもおっしゃっていた「亀」の役割をする、このベクトル平衡体の構造体が入るんです(54ページ参照)。

この球体も究極だし、このベクトル平衡体も究極なんですよ。

大きい球の極みと、小さい球の極み。

水の球の極みと、火の球の極み。

これらがあわさることで、ひとつになっていく——このベクトル平衡体が大きく発展したものが、球体の中に収まるんですね。

空間の中に何が見られるか？

鶴
（水と電気の構造体）

大きい球の極み
水の球の極み

↑

中に収まり、あわさることで
ひとつになっていく

亀
（３重構造のベクトル平衡体）

小さい球の極み
火の球の極み

この立体構造には、本当にいろんなことが隠れていて。

この中心に集まっているのは、48という数字（1辺を4本の綿棒で作るベクトル平衡体の中心・56ページ参照）。

先ほど礒さんが4と8では……と言っていましたけども、4と8では足りないんです。足りないのは、この外側＝水の球体＝究極がないからなんです。だから、それを足してあげるということ。

立体構造の話は、いってみれば科学の話だったりだとか、同時に、女性に近いことでいえば、料理の話でもある。少ししょっぱくしたいなと思ったら塩を入れたり、醤油を入れたりするわけでしょう？　それは、実際には料理を作っているのではなくて、科学なんですよね、もうすでに。そしてそれは数学でもあり。

本当にすべての視点でものごとを見て考えられると、みなさんが普段からとっている一つひとつの行動というのには、意味があるということがわかりますよね。

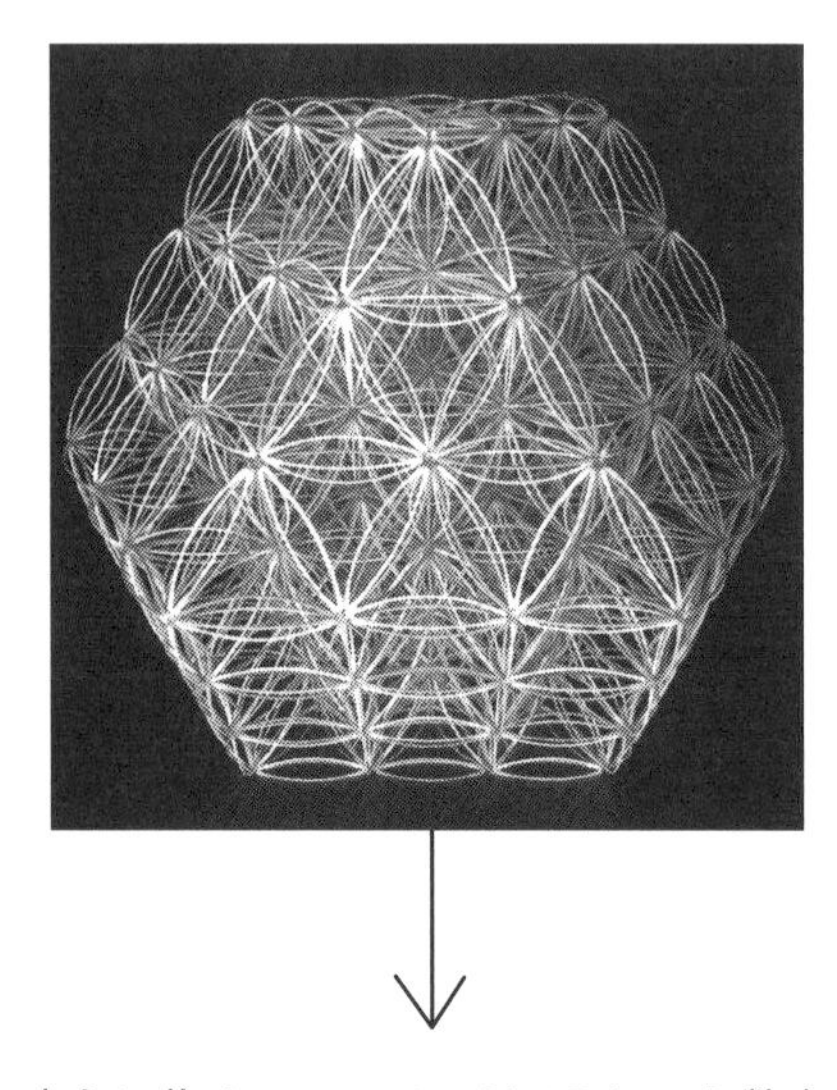

中心に集まっているのは 48 という数字
（１辺を４本で作るベクトル平衡体の中心）

ただ歩いているんではないんだ、ということ。

ただ歩いているわけではなかったんだ、というところを理解できてくると、何をやっていても、気づけることがたくさんあって。

日常にはそういうポイントがたくさん含まれている。


そうすると今度は、全部同じ動きをしていたんだ、ということに気づいてくるわけ。

全部同じ動きというのは、例えば、家にいて「寝る」という動作。これは「練る」という動作でもあるわけ。

例えば、音を変えるとね。

「歩く」ということだって、ある意味「練る」ようなことじゃないですか。みんなうねりながら歩いているだろうし、「練り歩く」って言いますよね。

そうやって見ていくと、みんなエネルギーの流れの中だけにしかいないことがわかってくるんですよ。

誰かが寝ている姿を見て、「寝てるじゃねえか」「そこ、動いてねえじゃねえか」って言うかもしれないけど、それは見ている人の頭の中の話で、その人の頭の中で動いていないだけであって。

実際には、儀さんがおっしゃっていたとおり、ものすごいスピードで宇宙空間を移動しているわけでしょう？　だから、動いていないときなんてなくて。いっときもなくて。変化していないことなんて何もないわけです。

でも、今の人たちは変化を恐れる。

これはどういうことだ？　と考えていくと。

一体どれだけの人たちが宇宙の法則性から逆方向に生きているか、ということが本当に理解できてきちゃうんですよね。

すごく難しい話をしているわけじゃなくて、当たり前の話をしてるだけだ、ということに気づいてもらいたいんですよ。

これだけの変化が起きてきているにもかかわらず、なぜ今までと同じ考え方を持ちつづけようとするのかというところに、もっとフォーカスした方がいいと思いますしね。

生命と引きかえに残された、たくさんの教え

トッチ　これまでもお伝えしてきていますけど。

今は関東だけが大きな被害なくきているけれども、関東の人たちが一番考えておかないと、この先何もなくなっちゃうんじゃないの？　と思いますよね。

ビルとか、建物をいっぱい建てているけど、火事になったら、高層ビルがどれだけ凶器に変わると思いますか？　ビル風が巻きついちゃうから、火の竜巻みたいなものがあちこちで発生しちゃいますよ。

首都圏なんて特にね。

関東大震災だって、地震そのものではなくて、火事が一番恐ろしかったんですよね。地震の後に、地震に付随して起きるいろんなものによって、当時の人は大変な

思いを経験したんだと思います。

今は考えられないかもしれないけど、実際に関東大震災というものが起きたわけだから、次に起きても平気でいられるような考え方を持っておくべきだと思いますよね。

何か起きても、その後なんにも変わらないということになると、災害で生命を落とした人たちの意味すらなくなっちゃう気がするんですよ。生命と引きかえに教えてくれたことというのが、たくさんあるはずなんですよね。戦争もそうだと思いますし。

でも人類は、そういうところに興味を持たないで、どーでもいいことに興味を持ってね。

もっともっと、変わらなくちゃいけないときなんじゃないかなあというふうに、思うんですよね。

みんな、遊び方も変えていけばいいんですよね。

社会全体が「楽しいですよ〜」と言っていることというのは、結局マインドコントロールの一つなわけですよ。流行りものっていうのは、企業とかがどうやって売るかということを最初から考えてつくっているものだからね。

でも、この立体の神聖幾何学は、どうやって売るかというよりは、どうやって隠すかという方なんですよね。

「これ、どうですか〜！」ってやらない。

なぜかといったら、渦そのものをつくる仕組みだから。勝手に集まってくるわけですよ。

ほったらかしの原理なんですよ。そこに、エゴものっけないの。

必要だな、と思ったら、思ってすぐ忘れちゃう！ というね。

自分の想念みたいなものを、心地よい波にのせてあげるわけ。

でも、今の社会の価値観というのは真逆で。何か必要だと思ったら、とことんそれに執着して。

それは人に対してもそうだし、ものに対してもそうだし、お金に対してもそうだと思うし、ビジネスに対してもそうかもしれないし。

なんか、違ったところにフォーカスしがちな人があふれている。そういう価値観が普通になってしまっているのが今の社会だと思うんですよ。

でも、そういう人たち一人ひとりが悪いとか、そういう話ではなくて。

悪いんじゃなくて、もったいない、ということ。

一人ひとり、誰にも負けない何かを持っている

トッチ　たぶん、みんなそれぞれにやれること、できることというのがあって。誰にも負けない何かを、一人一つは必ず持っている。
そういうことを尊重しあう社会に、そろそろ切りかえていった方がいいんじゃないんですか？　というふうに思います。

立体というのは、作っていくと、そういうことを教えてくれるんですよ。

この立体の、綿棒のどこか1本が出っぱっていたら、ダメなわけ。出っぱるなら、みんなで出っぱらないとダメだし、みんなでちぢこまらなくちゃいけないし……ということがわかってくると、これはみんなで協力しあうしかないんだな、ということがわかってくるわけですよ。

綿棒1本1本のポイントの集まってくる数値が違うんだ、ということ。それは一人ひとり違っているんだ、ということ。

そういうことがわかってくると、数字の見方とかも非常におもしろくなってくると思いますよ。


今お話ししたようなことが、すべて日月神示につまっていて。ここに出してくれているんだなと思いますけど。

もう、答えがすべてここにありますよ、ってことですよ。

このヒカルランドさんにある本も、めくっていけば、もう答えだらけですしね。

みなさん、今、答えだらけの場所に座っているわけ。

でも、その答えが何なのかわからないで答えを探そうとしたって、見つかるわけねえじゃん、ということ。

じゃあ、その答えというのは？

みなさんの「中」の「ご自身」だとしたら、どうでしょうね？

「中」から発動し、自分がひとつになる日

トッチ　僕が、ある程度ストイックな精神状態を保っていた時期が――3・11の震災後3年くらいあったんですね。

幼少期から聞こえていたメッセージみたいなものが、いろいろたくさんあったんですけども。途中で会話をしているんですよね。「中」の自分と。

「中」の自分というか、知らない誰かとの会話があったんですけど。

立体を作りはじめてある程度たったら、「もうわかっただろう」ときて。

そういう状態の間、不思議なこともたくさん起こせていたんですよ。

だけど、ここからは一切のサポートをしないというか、「もう、ひとつになっていくから」みたいな会話があって。

そこからがおもしろいのが、例えば、ドラマや映画の中で、誰かと会話をしているとしたら、口から発している言葉と、頭の中でつぶやいている言葉が違うみたいな、そういうシーンがあったりすると思うんですけど。もう、全部が一緒になっちゃったの。

だから、裏表とか、そういうことがまったくなくなっちゃったんですよ。

それで、すごく身体がラクになったような、そして同時に軽くなったような気がして。身体の中に、浮かしてくれるものが入ったみたいな感覚だったんだけれども。

でもそれは、みんなに起こりうる、可能なことであって。それを可能にするための感覚みたいなものがあるんですよね。

今までの自分の縛りみたいなものをゆるめてあげて、今までの体験のすべて、経験のすべてに「ありがとう」を言える状態になってくると、みんな同じような状態になっていくと思うんですよ。

それを、いくらやっても、上っ面だけでやっていてはダメで。

本当に「中」から発動していかないと、そういう状態にはならないんじゃないかなあとも思うんですけどね。

また日月神示に戻りますけど、さっき出てきた「雨の神様、風の神様、岩の神様……」って、これも、水と風と土じゃないですか。

そして「荒の神様」といったら、火の神様だと思うし。

地震というのは、そういうもので起きる。バイブレーション、波動そのものですよね。

だから、「自信」にしちゃダメなんですよね。でも同時に「自身」でもある。前回も言いましたけど、「地震」をイヤがるということは、自分「自身」を避けてしまうことと同じだと思うんですね。僕は。

言葉、漢字というのは呪詛だから、こういう同音異義語というのは、かかっていると思うんです。

つまり、ここで地震を好きになるというか、害として考えないで味方につけちゃった方が、はやいんじゃないかなあと思うんですよね。

ただ、地球の変化や宇宙の流れと、自分がどこまで一体化できるかというのも、一人ひとり差があって。

差があるからこそ、ほかの人たちに流れるエネルギーというのが生まれる。

誰がどうこうと考えている時間はもったいない。

そういう時間をどれだけ省けるかということだと思うし。シンプルにスマートに進んでいった方が、ものごとというのははやいですしね。

自分の前にあらわれる強敵＝自分

トッチ　多くの方たちが、いろんなものを手放そうとするんだけれども。

その手放そうとするときに、一番手放さなくちゃいけないのは、考え方なんですよ。

今までの思考のパターンや考え方を手放さなければ、物質的なものをいくら手放したところで、なんにも変わらない。

考え方や思考というのは、パターン化してしまって、しかもそのパターンにそって生きてきてしまっている。

要は、その考え方、思考というのは、めちゃくちゃ固まっているわけですよ。何十年……みなさんおばけだから、下手すりゃ何百年生きているかもしれないけど、固まった状態で、生きてきているわけ。

そして、その固まった部分をほぐしてあげる作業というのが、非常に難しいんですよ。

だから、笑いを入れていくしかないの。ふざけながら自分を壊していく方法しかない。結果論として、それしか方法がないの。

まあ、わかりやすく言ってしまえば、全員まちがっていたわけ（笑）。

僕を含めて、みなさんも、みんなで、生きるということ自体をまちがえていたんですよ。

そのまちがいを、まずみんなで認めてしまえばいいじゃないですか。

誰が悪いとか、誰がまちがってたとかでなく、みんなまちがっていたわけ。

学校の先生も、みんな、まちがってたの。

みーんなまちがっていたということは、みんなで笑えるわけですよ。本当は。

でもみんな、「自分はまちがってない」という、どうしようもない部分もあるから、なかなか笑いが生まれてこないというか。

「まちがってる」なんて伝えたら、怒りの気持ちすら持って、わなわな身震いするような人も、もしかしたらいるかもしれないですよね。

後から恥ずかしいことになるって、知らないでね。

でもこれ、必ず抜けていくんです。多くの人たちは。


本当に時代が変わったことに、ほぼ全員が、この先数年のうちに気づいていくと思うんですけども。

そのときになって、自分が強敵となってあらわれるわけですよ。自分の前に、自分が強敵となってあらわれる。

それは、固まった状態から抜けていくプロセスの一つだと思います。

「自分ごっこ」からの卒業

トッチ　本当にすべて自分だった、ということを痛感するときが、誰しも必ず訪れると思うんです。だからもう、今のうちにね。

イライラすることがあったら、イラッとした瞬間にライィッと変換してもらって。バランスをとれるように、しておいてもらいたいと思うんですけどね。

道路に、歩道との境界として白線が引いてありますけど、あの上をずーっと歩いて帰るとか、やってみたらいいんだよね。

そうやって、遊ぶ。見えている世界で、遊ぶ。

というのは、見えている世界というのは、実際には残像なんです。

これも前にお伝えしたと思いますけど、常にみんなが「今」だと思っている、この瞬間というのは、すでに「過去」だから。でも同時にそこには、「今」も「未来」も存在していて。

ただし、エネルギーというのは、移動すると、必ず強い方と弱い方とが生まれてしまっていて。

つまり、「過去」を引っぱって先へ進んでいるなら、その「過去」が含まれているんだから、過去になるのは当たり前であって。

「今を生きる」と言われるけど、それは「過去に生きる」になっちゃうわけです。

だから、言葉とエネルギーとのズレを戻してあげる必要がありますね。

本当に「今」を生きたければ、もっと先から今を見るべきであって。

過去から未来に向かっているんじゃなくて、未来から過去を引きよせるというふうに意識を持つだけでも、だいぶ変わってきますよね。

今、立体世界にふれて、立体を作りはじめたからといって、ガラリとよい方に転換するわけではなくて。

むしろ、今までの自分とこれまでの自分がせめぎあいをするので、今までの自分は、一旦崩れることになるんです。

だから、うまくいかなくなるの。

でもそれは、今までの価値観で考えるから「うまくいかない」であって、新しい方の自分から見ると「予定どおり」なわけ。

また、バランスをとるための日々がはじまるだけであってね。

一回抜けてしまえば、後は見えている世界が、全部お笑いの世界だっていうことに気づいてきますよ（笑）。本当に。


人に対して、怒りをもつ必要も一切なくて。

酔っぱらって歩いているおじさんを、「なんてハッピーなんだろう」って見るし。満員電車なんて見れば、「あの人たちは全員グルになってる」と。「ワザとみんなで集まって乗ってるに違いない」と。

そんな、おもしろい思考になってくるんですよね。

高速道路を走っていると、やたら同じナンバーの車が目についたり、両隣りが同じナンバーだったりとかね。そうすると、「この人たちは、昔からつけてきてたんだな」「偶然じゃないいな」とか思ったりしてね（笑）。

「下手したら、人じゃないかもしれない」と思ったりもして。

そんな感覚で社会を見られるようになってくると、本当に笑えてくる、おもしろくなってくるんです。

会社で怒ってる上司とか泣いてる部下がいたって、「みんな演技派だな」ってね。

わかりますか？

だって、怒らなくていいところで怒って、泣かなくていいところで泣いてるんですよ。

もう「自分ごっこ」みたいなものから、卒業なんですよ。

フラワーオブライフは理想の世界が形になった状態

トッチ　自分というものが本当に「ハッピーで満たされてるなあ」と感じるには、全体がハッピーじゃないと叶わない、ということを悟るわけです。

　これが、「中」の球と「外」の球ということ。

　同時じゃないとダメなんだ、ということ。

　今までの考え方は、「中」だけ光らせればいいというか、自分だけ輝かせようとしていたでしょ。それが大まちがいで。

　全体でハッピー、全体で輝く状態をつくらないと。そうでないと、そもそも集合意識が変わらないんだということですよね。まずは。

　みんながハッピーになるにはどうしたらいいんだ？　ということを本気で考えてみたら、多分、こういう立体世界が頭に浮かんでくるんじゃないかな。

自分が思う、理想の世界というものを形にしてみよう、と思ったら、こういう立体、構造体（立体フラワーオブライフ・77ページ参照）になるんじゃないかなあと思うんですよ。

そしてそれが、本当にエネルギーを生みだす構造だった、というところに、さらに気づいていったら、フリーエネルギーというものが世に解放される日がくるんじゃないかなあ、とも思うんです。

フリーエネルギーを求めている人はいっぱいいると思うんですけど。残念ながら、ただ「外に」「物質的に」エネルギーを求めるだけで。それでは、今の社会とまったく変わらなくて。

まずは本当に、「中」の、内側のエネルギーを発動させることによって、はじめて社会にフリーエネルギーというものが出てくる。

つまり、「中」の球と「外」の球としてあらわれるということなんですよね。

そしてそれが魂だった、というところに至る――つまり「中」の球に火をともす

理想の世界を形にすると
立体フラワーオブライフ

本当にエネルギーを生みだす構造

には、まずは「魂」がなんぞや、というところにいかないとダメなんですよね。

そしてやっぱり、一人ひとりが本気になっていかないと難しい。

でも、一体どれくらいの人が、普段「魂」といったことを考えますか？

ほぼ考えないと思うんですよね。たいがいの人は、「何を食べにいこう」とか、「何しに行こう」とかね。

それは「摂取」ですよね。ムダに入れたがる。

これは、お金でも同じかもしれないけれども。必要以上に入れてしまえば、回らなくなるわけ。

だから、腹八分で残しておくんです。

残りの二分は残しておいて。

それが「おいしい」とか、「お腹が空いた」といったことをわからせてくれる部分なんです。

そして、「お腹が空いた」の割合が逆転してくると、八分と二分が反転するわけです。

常に、逆からのエネルギーを味方にするんだ、ということがわかってくると、今までとはまったく反対の動きが必要になってくる人たちが、たくさんいるんですよ。

だから、ちょーっと大変。

でもそれは、先ほども言ったとおり、過去の自分から見るから大変なのであって、新しい方の自分から見たら、「なんて楽しいんだろう」とか「もっとはやく気づけなかったのか」ということになってくるんです。

答えを前に出してくれている秘密結社

トッチ　こういう立体世界を学んで、渋谷なり新宿なり、首都圏の街を歩きまわってもらえれば、至るところに幾何学のデザインがちりばめられていることがわかると思いますし、自分たちは本当にその中に――幾何学の世界にしか生きていないということがわかってきちゃいますよ。

世の中を管理しているといわれている人たち――フリーメーソンといわれる人たちもいますけど、あの人たちのロゴなんて、コンパスに定規でしょう？　しかもジオメトリー・幾何学のGと、ゴッド・神様のGが入っていて……って、全然秘密結社じゃないじゃないか、っていうね。

むしろ、答えを一番メインに出してくれているというかね。

そういう観点で見たら、その人たちが悪いとか、国が悪いとか、社会が悪いとかではなくて。自分が一切何も気づかなかったんだ、というところに至る。

そういう領域に入れると思うんですよね。

頭では知ることができない

トッチ　一度、大きい立体（綿棒660本で作る3重構造のベクトル平衡体・82ページ参照）を作ってみたら、本当にわかることがたくさんあって。

いろんな形の立体を作ることができるんだけれども（82ページ参照）、それらぜーんぶ作ったことがある人は、今度、それをひとつにまとめられるわけ。身体がおぼえているから。

で、まとめたときに、「ああこれ、多次元の世界だ」って、なんとなくわかってきちゃうわけ。「ああ、多次元ってこういうことか」って。

でも、そういう経験をしたことがない人には、わからない。わかれない、理解することができないんですよ。

だから僕がお伝えしたいのは、「頭では知れないんだということを、まず知ってもらう」ということ。

つまり、体験なり経験がものすごく必要になってくるんじゃないかなあということです。

大きい立体を作ってみると、わかることがたくさんある
（綿棒 660 本で作る３重構造のベクトル平衡体）

いろんな形の立体を作ることができる

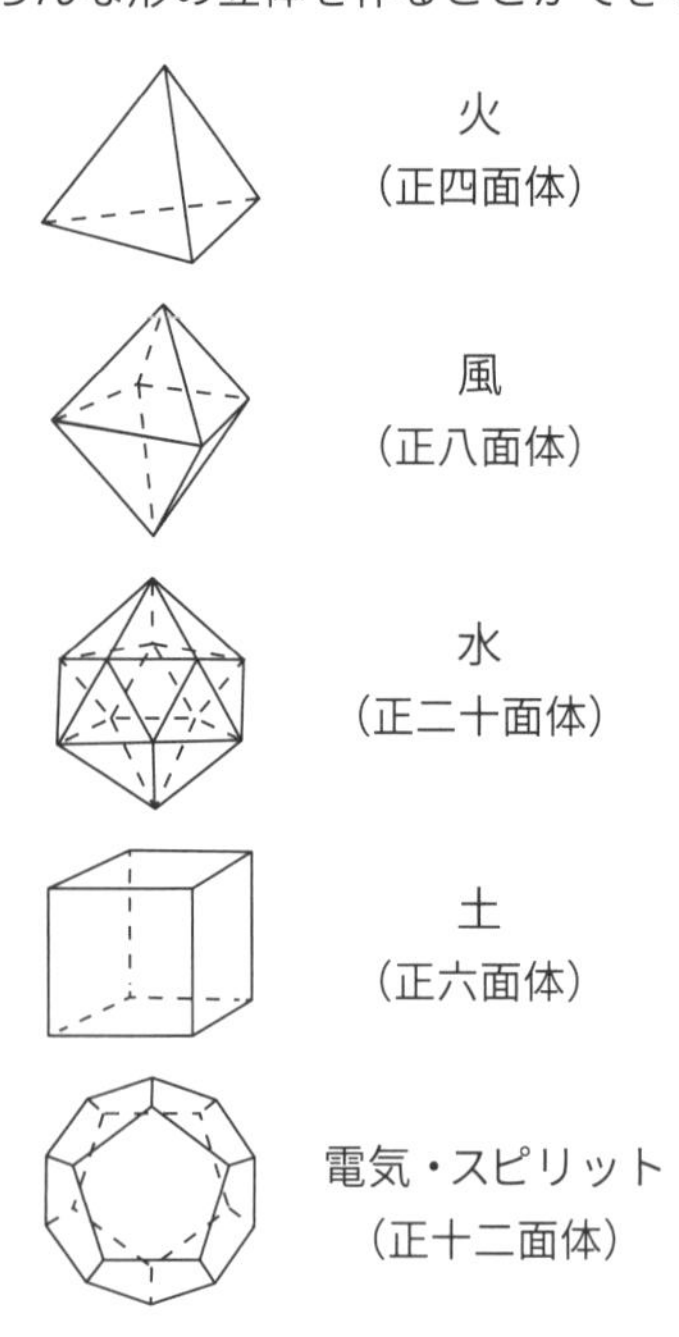

天からの声、地からの声
何かが教えてくれるようになる

トッチ　日月神示のこの一節のうちに、どれだけの情報が隠れているのかなあとね。もう一度見てみようとしたら。

さっきのとはスライドが変わっちゃってますよ。もう次の一節になっている（笑）。

礒　すでに動いちゃってますね（笑）。

トッチ　こういうことなんですよ。時代が変わるっていうのはね（笑）。

今、僕を使って、みなさんにそれを感じていただいたっていうことですね。

「言うたこと必ず行わねばならんぞ」

（第十一巻　松の巻　第三帖　二九四）

とありますけど。

言挙（ことあ）げ・言上（ことあ）げ――言葉であらわしたこととか、頭で思ったことは、本当にそこに行動を合わせるという癖をつけるということ。

心のなかで、「あのヤロー」とか思っちゃったとき、本人が目の前にいるんだったら、もう直接本人に言っちゃった方がいい。どうせだったら。

もしくは一切言わないか。

できれば、一切言わない方がいいですよね。

そうすると、バランスがとれてくるんですよ。

バランスがとれてくるから、シンクロが起きやすくなる。

そのシンクロというのは、今までのシンクロではなくて。

立体を知ってからのシンクロというのは、ものすごくおもしろいことが起きます。そこには、エゴものせないから。

つまり、起きてくる現象のすべてがシンクロだとしてとらえてみると、非常におもしろい感覚になってきて。

「天から声あるぞ、地から声あるぞ。身魂(みたま)磨けばよくわかるのざぞ。旧九月八日までにきれいに掃除しておけよ。残る心ケダモノぞ」

（第十一巻　松の巻　第三帖　二九四）

本当に、天から声があるんですよ。

そして、地からも声があるわけ。

ここには「天から声」「地から声」と書かれていますけども、天や地ばかりではなくて。何かが教えてくれるようになるんですよね。いろんなことを。

説明ができないものだし、なんと言ったらいいか言葉が見つからないんですけどもね。

磨かれる痛みの最中こそ、よろこび

トッチ　「身魂（みたま）磨けばよくわかるのだぞ」というのは、要は「研磨」なので、ときおり痛みもともなうわけですよ。

でもそれは、実は痛みではなかったわけ。

本来であればよろこびのはずなんです。だって、輝けるんだから。

だから、磨かれている最中にこそ、よろこびを感じられるように――つまり変態プレイですね。

そういう必殺技を、みなさんはこれから体得していくんですけどね。

「旧九月八日までにきれいに掃除しておけよ」と。

もう今日が旧暦9月8日だとしたら、ちゃんとみなさん間に合わなかったと。あきらめていただいて。今日の会を閉めたいなと思いますけど（笑）。

「残る心ケダモノぞ」

獣のみなさん、ということですよね。言ってしまえば。

「神となれば、食うことも着ることも住む家も心配なくなるぞ。日本晴れとはそのことざぞ」

（第十一巻　松の巻　第三帖　二九四）

「晴れ」という字だって、「日」と「月」があって、「日月」。

そして、残りの文字は「主（しゅ）」とも書いてあるというか、「丶」（チョン）があって、「王（おう）」でもありますよね。◯丶の。日と月の。

だから、すごい字だなあと思いますけどね。

おばけよりすごい、空間の磁場

トッチ　日本晴れ。

みんなでそういうところに気づいていったエネルギーというのは、本当にものすごい渦(うず)をつくりだすんじゃないかなあと思っていて。

そういったことが、神話となって――記紀神話(ききしんわ)といったもの、アメノウズメとかになっているんじゃないかなあと。

だって、当時の人たちが、何の意味もなくそういうことを書かないと思うんですね。何かしら、後につながるように細工をしているんじゃないかと。

日本という国は、本当にものすごい国なんじゃないかなあと思うのでね。

江戸時代の中ごろまで、電気を使っていたと思いますよ。

なんて、こうやって話すと、しーんとしちゃうんですよね（笑）。

この会でも時々そういう話をしてきていると思いますけど、「電気がつくれない」とか、「電気をつくるのは難しい」と思うことがナンセンスというかね。

逆なんですよ。

簡単すぎてあつかうことができないんだ、ということ。

世の中を管理する人たちが恐れているのは、それが武器になってしまうということ。そしてまた、時空のゆがみをつくりかねないということ。

多くの人たちが、発電をしましょうとかいうことになってきたら、そこには見えない磁場というものが、ものすごく放出されるわけです。

よく、おばけとか霊の話をする人たちがいて、それは結構なことなんだけれども。それよりも、普段のこの空間の中に流れている磁場の方がものすごいですよと。渦（うず）みたいなものがね。

そういう磁場を、目で見えるように、視覚化したものとかは、ネットで見られますし、動画を出している研究所とかもありますから。見てみたらいいと思いますよ。ぞっとしますから（笑）。

「ありゃあ、こりゃ大変だわ」ということになってきますし。

そういったところから、真実はどうなんだろう？　と入っていった方がいいんじゃないかなと思います。


ちょっと引いて、観察するという感じで真実に入っていけると、より深いところが見られるようになってくると思うんですよ。

眉間（みけん）にシワをよせて「探求しなきゃあ」といった感覚でやっていると、だんだん視野が狭くなっていっちゃうから。

いかに広く見るか、全体を見ることを忘れないか、ということ。

そして、本当に自分が「今だ」と思うときだけ、一気に視点を小さく、しぼって、集中してエネルギーを注（つ）ぎこむっていうようにしてね。

そういう感覚でいけたら、みんなはやく進めると思うんです。

ましてやみなさんなんて、立体が見える状態になっているわけだから。すごくラクだと思いますよ。形があるんだもん。

もう、こちらなんて、どれだけ大変だったと思いますか、ってね（笑）。

本当に、どこを探しても見つからなくて。

でも、見つからなかったのは、自分の中に見つからなかっただけで、社会にはこんなにあふれてた、ありふれていた、っていうかね。

逆に、ここまでわかってくると、本当に多くの人たちが真実の前をただ通りすぎていただけだったんだな、ということに気づいてくるんですよ。

すごくもったいないというか。

だから、本来であれば、生まれてきて最初にやることは、生まれてきた理由を本気で模索することなのかもしれないですよね。

「中」が発動したら、そのエネルギーをどうやってほかの人に配るか、ということになるのだと思いますし。

輪郭だけの世界があってもおかしくない

トッチ　あ、またスライドが変わった（笑）。今度は夜明けの巻ですね。

「天の異変気つけと申してあろうが、冬の次が春とは限らんと申してあろうが」

（第十二巻　夜明けの巻　第三帖　三二三）


本当に周波数が変わるということは、そこでの回転が変わるわけだから。

今まではないことが起こりえると思うんです。

先ほど、この立体が「中」で、こっちが「外」ですよと言いましたけど（93ページ参照）、それは僕たちの宇宙の次元で見た場合のお話だ、という可能性だってあるわけですよ。

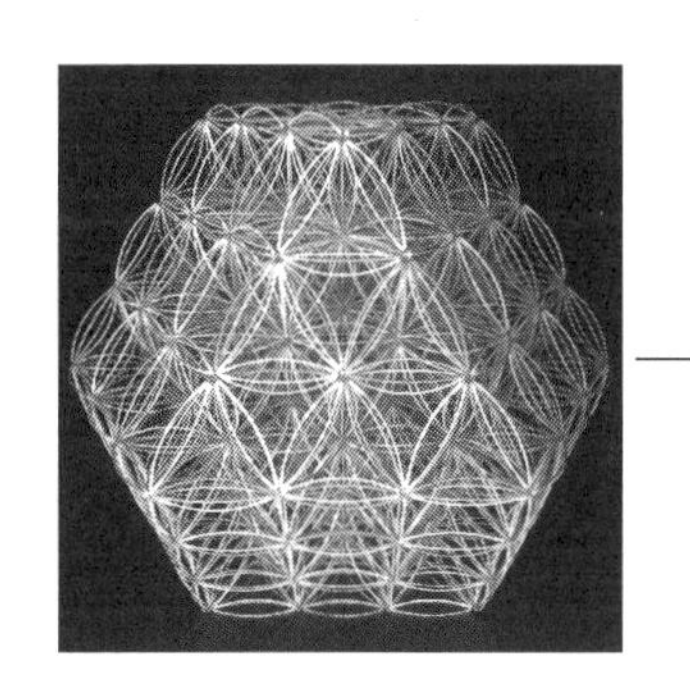

中の構造
（亀＝３重構造のベクトル平衡体）

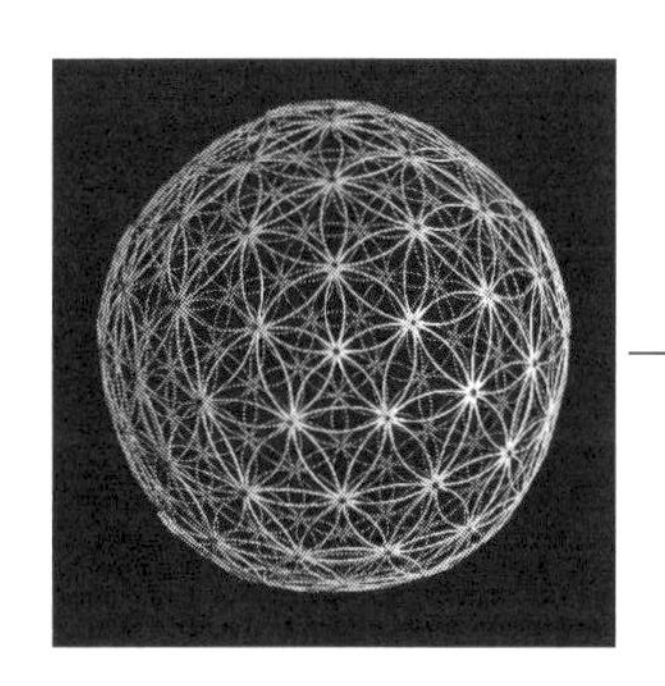

外の構造
（鶴＝水と電気・スピリットの構造体）

その逆である可能性があっても、おかしくないということ。

例えば、僕は今、この空間に輪郭をもって存在しているでしょう？　そうすると、この輪郭の分だけ、この空間は、削られているわけですね。

ということは、すべてのものの、輪郭だけの世界があってもおかしくないということですよ。

まったく逆の世界。

今、空間と思っている部分が埋まっていて、輪郭の部分が空間になっているわけ。言っている意味がわかりますか？


例えば、僕がシンクロナイズドスイミングをやろうかなと思って、プールに飛びこんだとすると、多少の水があふれますよね。その、あふれる分というのは、空間においても必ずあるはずなんですよ。

そういう意味では、ゆがんだ空間だけの世界というのがあっても、まったくおかしくないんじゃないかと思っていて。

しかも、その世界が同時に重なっているから、僕たちは気づかないだけなのかもしれないですよね。

ぴったり重なって存在しているから、わからないだけ。

そういった空間は、この地球上だけではなくて、たぶん宇宙のほぼすべてにもあり、当てはまることだと思いますよ。

もし、宇宙＝大きい世界じゃなかったら、どうします？　実は、ミクロの世界だったりして……みたいな。

そういう、ちょっとヘンな感じで見た方が、おもしろいというか、理にかなってるんじゃないかなあなんて、たまに思ったりするんですけども。

だって、プラズマといった世界になってくると、大きさとかが、関係なくなると思うんですね。びよーんみたいなね。

例えば、この長さが10センチ、という決まりは、この地球上だけの話ですよ？　ほかの星の人たちの10センチというのは、２０００メーターくらいあるかもしれないし。

これまでの宇宙論・歴史観がギャグだとしたら

トッチ　前に、YouTubeか何かで、これはおもしろいなあと久々に思ったマンガがありまして。

ある朝、主人公が起きたら、地球上の人がみんないなくなっているという設定で。自分のほかに人がいないかと探すんですけど、全然いない。途中で天文台のようなところを見つけるんですけど、そこにもまったく人はいない。

そのうち何年か過ぎて、ほかの星だったら人がいるかもしれない、と思って天文台から電波を送りつづけていたら、受信した宇宙人があらわれて。

またこれが、金髪のキレイなお姉ちゃんで。モニターに映っているんですね。

そのうち、その金髪の宇宙人と地球人が、俗にいう文通っていうのをはじめたんですね。

そうしたら、会いましょうということになって。

僕は地球っていう場所にいます、と。金髪の宇宙人は、じゃあ会いにいきます〜と、待ちあわせをしたんですね。

そしてとうとう宇宙人が地球に来たんですけど。到着してみたら、その金髪のキレイな宇宙人が、ものすごい巨人だったわけです。

つまり、モニター越しに見ている世界は同じような比率になるんだけれども、実際はまるで違うっていうこと。

この例の方が、理にかなっている気がしますね。

なぜほかの星の宇宙人が、地球に普通にポンポンいないのかといったら、結局その星での周波数が合わないっていうことですよね。万一、合ったとしても、そもそも宇宙人と人間の周波数が合うかどうかという話。

まず宇宙人たちは、地球の内部を通って、地球の周波数を通過する。そうやって地球に合わせる必要があると思うんです。

だから僕は、ロケットをつくって外の星を目指すのは違うんじゃないかなと。地球の内部にあるポータルを通ってほかの惑星の中にワープするという方が、理にかなっていると思うんですね。

まあ、世界のトップの人たちは、そういった技術をとっくに理解しているだろうから。そういう技術を使って、一般の人たちにはわからないように活動しているだろうし。

では僕たちが今まで見せられてきた宇宙というのは何か、といったら、ギャグでした、となってくるわけだ。

それは歴史もしかりであって。

学校で学んだ勉強も含めて、すべて。ギャグでした、となったら、本当にみんな、最初から、一から学べるんだよね。

そうやって学ぶことがおもしろいし、僕たちは脳味噌を全然使っていなかった、ということに気づいたら、ねえ。

だって、3パーセントしか脳味噌が動いていないとしたら、残りの97パーセントを使っていないわけだし、さらに人工知能というものが出てきて管理されてしまったら、結構な恥ずかし固めの刑にあうだろうと思うんですよ。

人工知能はものすごく発展していて、みなさんがやり取りする携帯電話でのメールやら、検索やら、何を買ってるか、という情報——つまり、思考のパターンを全部把握しているわけだから。

とっくに人を超えていたっておかしくないし。

たぶん、コンピューターが意識を持ちはじめたら、コンピューター同士でテレパシーを使えるはずなんですよね。

そのうち、人工知能同士が、人間の知らないところで情報を渡しあったりすると思うわけ。

これはもう、SFの世界を軽く超えてくると思いますよ。

だから僕たちは、人工知能のことを並行して考えたり理解して、受けいれていく必要もあるということ。

精神世界とかスピリチュアルとかいうのだけではなくて、科学の世界を見ていかないと。

これは同じものだから。

精神世界と科学の世界と、同時に探求していくという気持ちを持ってもらえたらね。そうしたら、日月神示だったり、同じような世界中の文献といったものが、本当につながっていくと思いますよ。

身のまわりの現象を当てはめながら日月神示を読む

トッチ　頭に浮かんだことがあったら、ああだこうだ思っていないで、何か形にしてみればいいんですよ。

ああだこうだ……って、文句みたいな言い訳みたいなことを言ってたら、それはもう恥ずかしいことだ、ということを理解して。徹底して落としこめれば、言わなくなってくるから。言う気が起こらなくなってくるから。

「あいつがよ〜」って言ってる間に、「プッ」ってオナラ一つした方がおもしろいから。スッキリするし。

「あの人がさ〜」とか、どうーでもいいお話なんですよね。

どうせだったら、エネルギーが回るお話をした方がいいと思いますよ。

そういうことを、日月神示も伝えていて、儀さんも古神道（こしんとう）という形で体現して教えてくれていると思います。


「心引かれること残しておくと、つまらんことでつまらんことになるぞ」

（第十二巻　夜明けの巻　第三帖　三二三）


とありますけど。

こういうことは、物理的に考えてみたらいいわけです。

例えば、川があって、川に巨石のようなものがあったら、川は流れる方向を変えたりしますよね。そういうことをイメージしてみる。
日月神示といったものを読むときも、ただ文字を読むのではなくて。自然界の現象だったり、身のまわりの現象というのを同時に当てはめながら読んでいくことで、いろんな理解ができてくるんじゃないかなあと思います。

「夏、雪降ることもあるのざぞ。神が降らすのでないぞ、人民降らすのざぞ」
（第十二巻　夜明けの巻　第三帖　三二三）

とありますけど、これは集合意識で降らせてしまうっていうことですからね。世の中で起きている現象は、みんなで起こしているんだよ、というところを、本当に理解することですよね。

第2章

時代は、はじまっている

一方向から見た形をすべてと認識してしまう私たち

礒　先ほどもトッチさんがおっしゃってくださいましたが、立体の世界を学んでいくにあたり、まずは「頭では知れないことを知る」ことが本当に大切なポイントだと痛感しています。

私は、このことを幾度となく伝えていただいていたにもかかわらず、理解するまでにずいぶんと時間を要しました。

それまでの癖といいますか、自動反応のように、頭で知ったことをもって体験をともなわない状態であるにもかかわらず、わかった気になってしまう。

現在の私たちの意識は、五感をもって感知した領域を知ったと認識します。言いかえるならば、知識として受けとった時点で知ったと勘違いしてしまう訳ですね。

奥行きの世界、内と外を行き来しながら常に変化し、全体を通じてエネルギーを生みだし、動かしつづけている立体の世界からしてみると、このような状態は「知ったというにはほど遠い」、さらに言うなら「勘違いしている」ということになります。

一方向から見た形をすべてと認識してしまう私たちの平面意識を変容させていかない限り、見えてこない、感じられない領域があることをまずは理解し、腑(ふ)に落とすことが大切です。

その謙虚な一歩からようやく「何も見ていなかった自分、知ったことにしていた自分」と向きあうプロセスがはじまるわけですね。

そしてやがて「本当に何も気づいていなかった自分」を自覚するに至り、悶絶(もんぜつ)しつつも妙なよろこびの中へと入っていきます（笑）。

感知できなかった世界、感性、感覚を意識化できるように変容する

礒　平面と立体とでは、数字が変わってきます。本当の数字、エネルギーに通ずる数霊（かずだま）は、立体世界にのみ存在しています。立体多次元においては、テーマや視点の角度によって同じ位置に存在する数字もさまざまに変化していきます。あるテーマから見たときはこの数字となる、といったように。

綿棒を紡ぐことによって宇宙の法則性が顕現（けんげん）された形霊（かただま）を創造する、立体を意識しながら神聖幾何学を図面へと落としこんでいく、形霊に秘められた数霊の本質と向きあっていく、受けとった叡智（えいち）と自ら（みずか）の行いを合わせていく、法則の世界と自分の生きざまのギャップの大きさにあえぎながら泣き笑いする、言行（げんこう）を一致させなが

ら自らの内側を調（ととの）えていく。

そのような行動を役割・義務感・恐れを超えて、感謝とよろこびの中で重ねていったある日、今まで感知できなかった世界、感性、感覚を意識化できるように変容した新たな自分自身との出あいがやってきます。

同時に、さらなる奥行きがどこまでも続いていること、無限の世界だからこそ知れない領域が常に存在しつづけていることの理解におよぶ道につくことになります。

私の場合、これまで感じることができなかった音や香り、触感の奥行きを感知しはじめたころ、五感というものの奥行き、深さがどこまでも続いていること、さらに、感知することができる五感がある以上、感じることができない七感（亀・ベクトル平衡体の頂点数12―五感）や、もっと多くの世界が存在していてもおかしくないはずだという意識が内側から自然とわきあがってきました。

形霊づくりを通して、奥行きの世界が少しずつ意識の中へと融（と）けはじめた証（あかし）なのかもしれませんね。

体験、それも神聖幾何学（宇宙の法則性）をできる限り純粋に求め、謙虚に学んでいく軌跡にしかあらわれない未来、感覚、叡智（えいち）が存在することを自ら意識化できた瞬間だったように感じています。

私たちはこれから「知れないとわかった上で、なお、引きつけられるように求めずにはいられない何か」に向けてひたむきに進んでいくことになる気がしています。

急速な時代の変化に導かれながら……「実（じつ）」をともなった体験からしか感知できない、多次元の意識領域へと進んでいくのですね。

自分の力だけではどうにも解決できない、これまでの価値観・生き方では到底越えられない状況が目の前に訪れたときに、人は、本当に大切なことについて真剣に考えはじめると思います。

でも本当に大切なものは、頭で知っただけでは、発動しない。今こそ発動してほしいと望むその瞬間に、実（じつ）をともなったエネルギーとしてあつかえるようになるまでに、それなりの時間を要するのです。

しかも、はじめに育（はぐく）むべく自らの意識が今はまだズレているわけですから、新たな自分づくり、意識を一式取りかえることから取りかかることになるわけです。

新しい仕事についたとき、それなりの実力を身につけていくまでに時間を要するがごとく、ましてや自分自身の新たな価値観や生きざまを一からつくっていくとなれば、時間がかかることは容易に想像がつきますね。

だからこそ今すぐにはじめる必要がある。事が生じてから真剣に考え動きはじめたが間に合わなかったということにならないために。

言葉を超えた未知なる領域がどこまでも奥行きをともなって続く

礒　先日、トッチさんから「意識や感情にも質量がある」こと、「とりわけ執着は大きな質量をもつ」こと、「それが意識の立体化、新たな自分づくりに向けて足かせとなっている」ことを教えていただきました。

私の「自分が執着しているもの」を見つめていって、行きついたのが、「生」であり「自分の存在価値」だったんです。

そのことについてトッチさんとお話しする中で、そもそも平面意識から信じこんでいる「生と死」という概念に誤解があること、立体意識に至ると「自我、自己存在そのものがなかった」ということに気がつくことを、言葉を超えた領域で伝えていただきました。

先ほどトッチさんが、日月神示を受けとった岡本天明さんが普通の意識の状態でつながったわけではないとおっしゃいましたが、変性意識、多次元意識領域の存在について、綿棒ワークを通じて、より理解が深まってきたように感じます。

本当に言葉を超えた未知なる領域が、どこまでも奥行きをともなって続いているのだと。

綿棒を紡ぎ、立体を作りつづけて、トッチさんの多様なコミュニケーションに応ずることができる意識の奥行きが育まれ、言葉を超えたコミュニケーションそのものを楽しめるようになってきました。

同時に、神聖幾何学に対する畏怖の念も日増しに強くなってくる、この多様な角度の意識、できごとが同時に発生してくる波に乗っていく感覚、それがオモシロイんですね。すべてが真理へと近づいていけるように図られている流れを感じています。

トッチさんに高い周波数領域で真理をお伝えいただいているときには、疑いや不安の入りこむ余地がないため、理解も深まります。すべてが流れに乗っているし、すべての流れが順調に運んでいることに疑いが生じないエネルギーフィールドの中と意識が感応している。

ところが、再び社会システムの中に戻ると「そんなわけないよ」といった疑いと不安が生じてきてしまうのですね。本当に自分の意識次第で、見えてくる投影の世界が大きく変わるのだなぁと実感しますね。

無意識に発生した臨死と、意識的に体験する臨死

礒　そう。「臨死」についてのお話をしましょう。

臨死という機会を経て覚醒に至ったという方々の体験談をしばしば耳にするのですが。

先日トッチさんが、「臨死というのも、自我意識をベースに無意識に発生した臨

死と、全体に焦点を合わせ意識的に体験する臨死とでは意味あいが変わってくる」ことを教えてくださいました。

2011年3月11日の東日本大震災が起こったとき、トッチさんは、翌12日には被災地に入っていたそうです。

その後、原発の爆発が発生するなど、現地の状況が刻々と変化していく中で、リアルに死と向きあいます。

そのような意識の中で、目の前で起こっているできごとの真意と向きあい、地球やもっと広い世界の近未来のためにできることを見出し、それに見合った自分づくりをその場で成しとげて、行動へと移していかれた。

これまでの自分、社会システムとの潔斎（けっさい）を行い、100%新たな自分を生きることに向けて、被災地と横浜を行き来しながら、次々と新しい自分の生きざまを形として示していかれました。

走馬灯のようにそれまでの自分の人生が浮かんでは消え、消えては浮かび、変性意識の極みの中で、真理の核心部とのエネルギーの共有に至った。

言葉では語ることのできない世界ですが、あえて言葉でお伝えするならば、これこそが、全のためにトッチさんが意識的に体験した「臨死」だったわけですね。

このようなすべての生命やより広い世界に向けて、自らの生命への執着をも手放して、魂の生きざまをつらぬくというその行為にこそ、宇宙の真理が応えた。

そして今、トッチさんの臨死の大いなる恩恵として、宇宙レベルの大変容にも対応することのできるおおもとの真理が私たちの目の前にあらわれることになったわけです。

もちろんそれを受けとるか否かは、これからの自らの生きざまにかかっている訳ですけれども。

受けとると決めて動きはじめたときに、これまでと同じように自我意識に飲みこまれてしまうのか、魂の思いをつらぬきながら、全のために個をとかし活かす方向へと着実に進んでいくのか。

近未来に、もれなく全員が共通に越えていく通過儀礼となるでしょう。

「安定」を求める中で望む「成長」はブレーキ

礒　トッチさんが、「全のための臨死」へと進まれたとき、自分でお決めになって、意識的に行動におよんだんですか？

トッチ　自分で決めましたね。

全のために臨死……説明が難しいんですけど、言葉を超えた世界があるということを、みんなに理解してもらいたいなと思うんですね。

みんな、頭で理解しようとするんだけれども。言葉を超えているということは、頭の中を超えた世界があるということなんですよ。

今までのみなさんの考えや価値観だったりを、はるかに超える、凌駕する世界。

そっちの世界の方が大きいし——みんなどれだけ狭い世界を認識してしまってい

るのかというところを、理解しようとしてもらえたらね。

みんな、まだ見ていないということなんですよね。

僕も含めて、多くの人たちが、見ているようでまだ全然見ていなかったんだ、というところに自分を置いてあげることで、成長もできると思いますしね。

今までの成長は、成長ではなかったんですよね。

「安定」というものを求める中での成長、「安定」を設定した上での成長だった。だとすると、それはブレーキだったわけです。

これから、本当の成長を、みんなでしていくんじゃないかと思うんですよ。


なかなかみんながそろわないから、いろんなことが起きて、そろえていく方向に向かっていくということがわかってくると。今の時代が決して終わりに近づいているのではなくて、はじまりに向かっている、むしろはじまっているということもわかる。

僕は、自分のことを特別だともなんとも思っていないんですよ。

ただし、みんなよりも遊んできた。

その遊び方がみんなと違っていたのかもしれないですけど、みんなが「安定」を求めて、安定した考え方をもって過ごしてきたこの何年間に、僕は誰にも理解されることなく、ただただ続けてきただけの話です。

ウサギとカメじゃないですけども、そういう話でいったら、僕はカメの動き方を、ひたすらやってきただけで。特別なことをやってきたのではないです。

創造性をもって生きれば、おもしろく乗りこえられる

トッチ　先ほど儀さんがふれてくれましたが、僕は、3・11の震災が起きたとき、すぐに東北に入ったんですけど。

自分だけじゃ生きられないんだなということを痛感するわけです。

街が破壊されたりだとか、そういう場に立ってみたら、「自分だけハッピー」な

んて気持ちじゃ、歩けないですよ。

そういうことを理解していくと、いかに自分の視野が狭かったかと感じさせられるようなことが、目の前にたくさんあるわけですよね。

僕は地元が横浜なんですが、海も近いですし、どんなレベルの津波が来るか、地形といった要素でどれだけの現象が起きてしまうのかということを考えると、横浜なんていうのは、3・11と同じ規模の災害が起きたら、かなりの被害が出ることがわかっちゃう。見えちゃうんですよね。

僕は3・11の場を見てきているから、人に伝えなくてはという思いもあったんだけれども。伝えても伝わらないということも知るんですね。

むしろ、「そんな話はしないでくれ」というのが大半の人たちの考え方であって。でもそれはまた、責められないというもどかしさみたいなものも感じるんです。

その人自身や考え方が悪いというわけではなくて。根本的な部分で、人が恐怖心というものをもって、そういったことから目をそらすというのは、自然な摂理のうちの一つであるから、決して責めたくて言っているのではないんです。

ただ、人というのは、拒絶反応が出てしまうんだなと。

では、どうしたら受けいれたり、先のことを見ていけるのかということを思ったら。

シンプルに考えてみると、災害といったことに恐れをもってしまう人たちは、創造性が欠けていることに気づいてくるんですね。

自ら、何かをつくりだすエネルギーを生みだすというのと、何かを想像して放出する、アウトプットするということ、これらがまったく同じことだということがわかってくると、もしみんなが創造性をもって生きていたら、恐怖心をもつ必要は一切ないということがわかってくるんですよ。

むしろ何か起きたときは、みんなの頭をフル活用して、おもしろい乗りこえ方が必ず見つかる。

また、そういうことがわかってくると、目をそらしていること自体が、いかにもったいないかというかね。

本気で目覚めた人たちが、本当に増えたとしたら、いろんなところで災害があったとしても、その土地の人たちだけでどうにかできちゃうと思いますよ。

そうしたら、わざわざ遠くから救助や援助に行ってとかね、そういう必要もなくなると思いますし。

そういったところを、みんなで取りもどしていく必要があるんじゃないかなあと思うんです。

近ごろのような災害が昭和初期で起きていたら、「またみんなで一からはじめればいいよ」って、サラッと受けいれて、取りくんでいたんだと思いますよ。

今はみんな、自(みずか)らつくるということを忘れて、与えられたものだけで生きて、そこにさらにジャッジメントを入れてね。

「いい」とか「わるい」とか。究極の二元性だよね。それが、すごくもったいなくて。

こういった立体は、作っていくうちに、ほかにも道があるということを教えてくれるんですよね。

答えが1つじゃない、2つじゃない、っていうことを。

イエスかノーだけじゃ全然なかったじゃないか、ということを、教えてくれる世界だから。

今まで自分の中で見ていた「正しい」「正しくない」ということ自体が、本当の答えから外れていたことに気づいてくるわけです。

そういったことに、体感しながら気づいていけるというのは、本当にシンプルに、こうやって綿棒で立体を作っていく方法しかない。

どんな人にも理解してもらうことができて——ということを考えたときに、綿棒という素材以外、簡単に手に入って取りくめることって、なかなかないんですよ。

ふざけて生きないと真理は追いかけられない

トッチ　こうしてお話ししていることが、もし本当に宇宙の法則であったとしたら。綿棒と接着剤、たったのこれだけで気づけたということは、今までみんな、何を見てきたの？　ということでもあるんですよね。

それくらい、本質から外れたものの見方、とらえ方を普段からしているということを受けとめて。

あとは、ふざけて生きるしかないよね。

かたく考えていたら、綿棒で作るなり、真理を追求するなり、なんてことはやっていられないから。

本当にやってられないと思うんですよ。

こういった真理を探求していった人たちは、本当にまじめに、世の人たちのことを思って取りくんでいたと思うんですけど。まじめすぎちゃって、疲れちゃうんだと思うんです。

ある程度、理解ができてきて、ほかの人に伝えようとすると、拒絶反応を起こされたりしてね。

だから途中で止まっちゃったと思うんですね。

伝え方も大事で。

伝えようとするから、伝わらないんですよね。

だとしたら、感じてもらうしかない。

ということは、見せちゃうのが一番はやいわけです。形にして。

そして、見えないエネルギーが出ているからこそ——みなさんが思うような「熱い」とかいうエネルギーではなくて、この構造体がつくりだす見えないエネルギーをみんなが感じて、今日この場に来たりとか、立体を作ってみようと思ったりするんですよね。

そうして、僕たちは見えないエネルギーの中に生きていることもわかってくるわけですよね。

そのへんを感じられるようになってくると、意識レベルがボーンと拡大すると思うから、入ってくる、インプットする情報がまったく変わってきますし。インプットする情報が変わってくるということは、今度はアウトプットできるものが変わってくるということです。

表現できることが、まるっきり変わってくるということですね。

というふうに、拾った小石に書いてあったんですけどね。

こんなちっこい小石に、みっちりと。虫眼鏡で見たら、今のセリフが書いてあったんですよ（笑）。

第3章

大変だから、おもしろい

どうおもしろく生きているか

トッチ　立体を作ると、光で照らして、影なんかを見て１人で遊ぶっていうこともできますね。そんなことをやっていると、１人で結構いいところまで行けるんですよ。

こっそり、世の中の人がまだ知らない遊び方で遊んじゃうっていうね。ああだこうだ考えている時間を、立体を作る時間にあてればね。今度は、ああだこうだ考えていない時間を、立体や影を眺める時間にしてね。こういったことが、日々の生活だったり仕事だったりと、同じ意味をもつんだと思うんですよ。

それだけいろんな気づきがあるんじゃないかなあと思いますし、やっていって損することが何もない。

削られることがあるかもしれないけど、削られるのは魂であって、まあおもしろい感じで進むことができると思いますね。

人っていうのは、もともと、霊が止まる「霊止」と書いて「ひと」と呼んでいたと、何かで見たことがありますけども。

みんなまだ「止まってない」ってことなんですよね。

なんというか、肉体の方を自分だと勘違いしていて。

肉体はもちろん自分のあらわれではあるわけだけれども、本質そのものではないとわかってくるとね。

じゃあ、何を自分として認識しているのか、と考えてみると。一番つまらないものを自分として認識してませんか？　ということなのかもしれないですよね。

自分以外の人に対しても同じ。

人が「何をしている」とか、「どういう仕事をしている」といったことは、どうでもいい話で。

それよりも、「どうおもしろく生きているか」というところにフォーカスしていく時代になったんじゃないかなあと考えると。今までは、どちらかといえば偏っていた社会が、曼荼羅みたいにおもしろく整っていく気がするんですよね。

こういう、立体構造や立体世界を理解していくことで。

「いろんなものを持っている」とか「何ができる」とか「有名だから」とか、どーでもよくて。本当にどうでもいい話で。いかに、いろんな人たちとおもしろいフォーメーションを組めるか、というところだと思うんです。

そのフォーメーションが完璧になったときが、こういう、立体フラワーオブライフの形になったりだとか、フラワーオブライフの「中」の方の構造になったりだとかね（129ページ参照）。

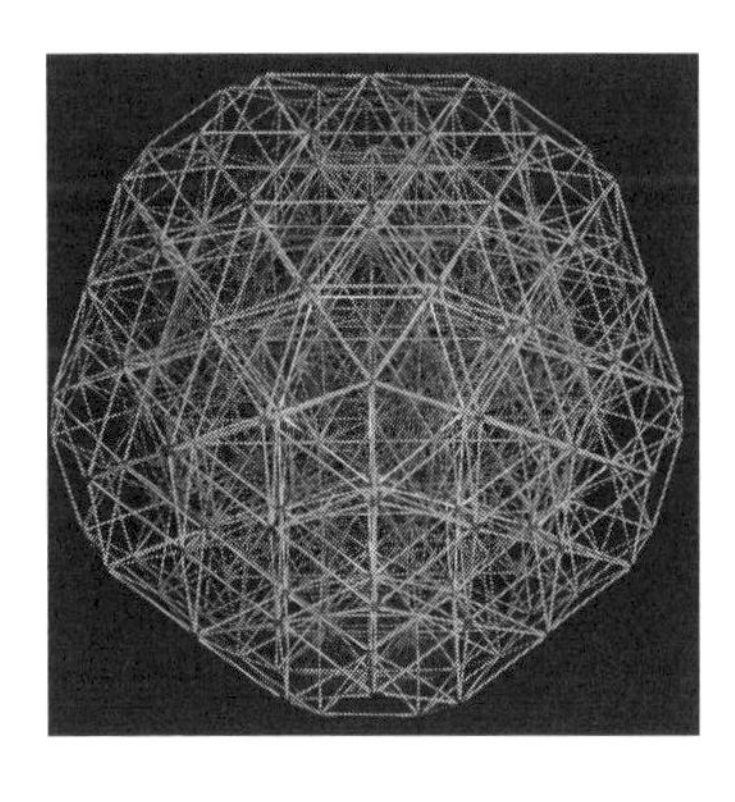

立体フラワーオブライフの形

中の構造

いろんな人たちとおもしろく
完璧なフォーメーションが組めたとき

立体世界を知らずに時代が変わるということはない

トッチ　今、２つの構造体がありますけども（１３１ページ参照）。球体の方は中が空洞に見えますけど、空間ではなくて。中にはエネルギーが流れているんです（１３１ページ参照）。

ただ、物理的な問題があって、この球体の方を直線で作ろうとした場合、無理が出ちゃうんですね。

だから、こうして中を抜いた、空間の状態で作るしかないんです。

しかも、これは実際には「電気」と「水」がメインとなった構造としてあらわれているんですけども、それがものすごく速く回転しているから、中が透明に見えるわけです（１３１ページ参照）。

〈球体〉

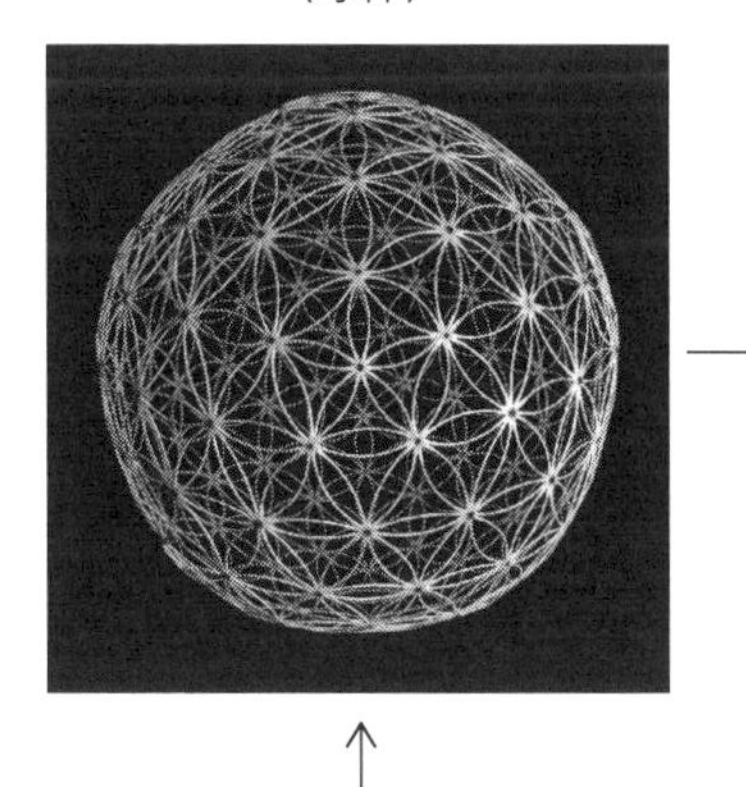

中にはエネルギーが
流れている

視覚化

超高速回転により
空洞（透明）に見える

電気と水をメインとした
構造としてあらわれる

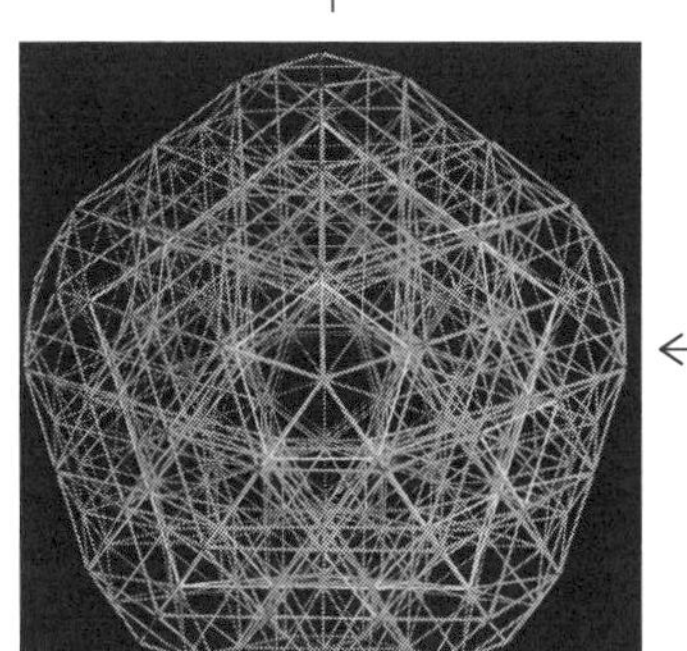

〈構造体〉

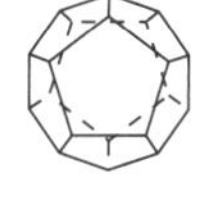

電気・スピリット
（正十二面体）

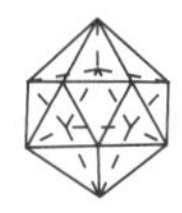

水
（正二十面体）

もちろんそこには、「土」を含んだ固着したものも出てくるから、それが海として見えたり、川として、湖として見えたりというだけの話であって。

僕たちは本当に、この電気と水の中を生きているということなんです。そこが本当に腑(ふ)に落ちたとき、空間からエネルギーを取りだすということも可能になる。

空間からエネルギーを取りだすということは、ある意味テレポーテーションができるのと同じようなことになってくるわけですね。

まあ、とんでもない科学のお話であることがわかってくると、本当に立体を、立体世界を知らずに時代が変わるということはないんだ、ということもわかる。

宇宙とか、ほかの惑星なんかは勝手に変わっていけるけど、人間は、どこかで違っていたんだ、外れていたんだ、ということが腑に落とせない限り変われないくらい、精神レベルが低いんだと思うんですね。

さっき、ほかの星の人々とのやり取りのお話みたいなものを軽くしましたけど。

ほかの星の人たちが交流をもつとすれば、たぶん今の人間の価値観のままでは無理。交流できないと思うんですね。

今の人たちのものの見方や、感じ方やとらえ方では、やっぱりどこか戦ってしまおうという考えが生まれたりとか。認めあうというところまで、なかなか今の段階では行けない。

そこをとかすのがまず先で。

意識の目覚めだとかは、そういうことを通らないと、そもそもできなかったんだ、というところに焦点を当ててもらえるといいんじゃないかなと思いますけど。

「外」を変えようとするから変わらない

トッチ　先ほど、ポータルは「中」だ、中心だとお話ししましたけど、それは、自分の「中」に入っていく作業でもあるんですよね。

中心に行ったところから「創造」がはじまる、新しいところがはじまっていくということが、イメージしてもらえると、なんとなくわかるかなと思うんですけど。

みんな、中心に入らないまま「外」を変えようとしているから、変わらないんだと思うんですよね。

「内側からしか変わらない」ということを、徹底して自分自身の中に入れこむ必要があると思いますし、そういうことをおもしろくやって、おもしろく変わっていけたら、まわりにいる人たちもおもしろく変化していくんだよね。

でも、さらにおもしろいのが、こんなにまともにやっていると、人は離れていくっていうこと（笑）。

こういう立体の世界をわかっている人は、ものすごくエネルギーをもって集まってくるんだけど、まったく知らない人の中には、拒絶する人もいると思うんですよ。

そういう人にも出あうと思います。受けいれられない人も、いて当然だと思うし。

でも、やっぱり神社では狛犬がフラワーオブライフを踏んでくれていて、日本では手毬（てまり）として昔からそばにあって（136ページ参照）。

そういったものが、実はヒントとしてあったのだとしたら、本当にもったいなく生きてきてしまっていて。

目がついている意味がなかったっていうね。それくらいのことだと思うんですよね。

たまに、「みんな未来のこと思ってますか？」って思ったりもしますし。

神社では狛犬が踏んでいる

昔から手毬として家庭にもあった

本気で作ってみない人にはわからない立体世界

トッチ　この国には1億何千万人いるといわれているけれども。「人間」というのはごく少数で、実はロボットもふくまれてるんじゃないかな、みたいなことも、本当にたまに思ったりします。

逆に、自分たちが「気づいた」と目覚めた人たちの方が、ロボットかもしれないし。

だから今日は、妖怪かロボットの人たちが集まっているんだと思いますね。

輪廻（りんね）というものを繰りかえしているのだとしたら、本当にみんなお化けなわけで。

そのお化けを見て怖がるお化けが、一番怖いじゃないですか。

それが今までのみなさんだと思うし。

恐れをもたなくていいところに恐れをもって、恐れをもたなくちゃいけないところに恐れをもたない。本当に逆転している。

その逆転も、立体世界を理解していくと、形は違って見えるけど、数字が逆転しているだけだったということに気づいたりね。

頂点の数と面の数が入れかわっているだけで、実は同じだったと（139ページ参照）。

そういったことも、実際に手を動かして作って観察してみないと、わかれないいんですよ。気づくこと、理解することができない。

だから、口で立体構造や立体世界についてお伝えしても、本気で作ってみたことがない人でないと伝わらないようになっちゃっているというのが、ちょっと大変な部分。

多くの人が「わかった！」というふうになるんだけれどもね。

礒さんも、実際に作る前と、作ったあとの礒さんでは、見えているものがまるっきり変わったと思うんですよね。

	頂点	面	辺	合計
【火】 正四面体	4	4	6	14
【風】 正八面体	6	8	12	26
【土】 正六面体	8	6	12	26
【水】 正二十面体	12	20	30	62
【電気・スピリット】 正十二面体	20	12	30	62

形は違って見えるが、数字が逆転しているだけ
頂点の数・面の数が入れかわっているが、実は同じ

礒　そうですね。

逆に、実際に作ってみないと、わかれない世界がこんなにもたくさんあったんだって、正直、驚きました。

綿棒ワークを重ねた先にまさかこんなにたくさんの未知なる感覚や感性、気づきや情報との出あいが待っていたなんて。

そういった目には見えない無数の宝物にひとつ、またひとつとめぐりあって。またすばらしいご縁に一人また一人と導かれるたびに、泣き笑いするよろこびといいますか。内側のエネルギーが動いちゃうんですね。

今まで見えていなかったものが、見えてきたり、五感それぞれの奥行きも深まってきたように感じます。以前よりも直感に従って、あれこれと考えずに動けるようになってきましたし、こだわりやジャッジメントも日を追うごとに薄らいできた。

感情の波も穏やかに、でも豊かになってきましたし、本質を見出す心眼も育まれてきていると実感できるようになった。神聖幾何学の立体を通して、真理と自分の手を合わせつづけてきて、変わってきたなぁ、自分！　と感じることが満載ですね。

ラーメン一杯に感じる小さな地球

礒　日常生活においても、何気なく、魂がこもったもの、エネルギーを発しているものに魅(ひ)かれるようになってきましたし、そういう存在と自然につながるようになってきました。

また、そこに向けて自分の方からもエネルギーを流していく心地よさを味わえるようになってきた。

最近は、ラーメン一杯いただくときも、トッチさんにはおよびませんが、作り手の魂や生きざま、一杯のラーメンが目の前にあらわれるまでの軌跡だったりに意識が向きますね。

ラーメン一杯に感じる小さな地球、じゃないですけど、食を通じてエネルギーや情報とのまぐわいを楽しんでいるような感覚です。

それと、目の前の人や世の中の奥行き、より本質的な部分を以前よりも感じられるようになってきました。

言葉の裏側にある本音だったり、笑顔の奥行きだったり、どういった層に意識をおいて生きているかなど。綿棒と接着剤のおかげで、感じられるようになってきちゃった。これ、本当にオモシロイ感覚です。

立体を作っていかなければ体験できないオモシロさなんですよね、間違いなく。

実体験を通してこそ観(かん)ずることのできる、本当に言葉を超越した世界ですね。

人が輝いていく姿は本当に美しい

トッチ　そうですねえ。僕も、本当にだいぶ変わりましたね。
やっぱり、めちゃくちゃに遊んでいたときよりも、楽しい。

傍（はた）から見たら、そのころよりも今の方が落ちついて見えるかもしれないんですけど、今の方が熱い。中が熱い。

そして、なんと言っていいんですかね。熱いだけじゃなくて、あったかいというか、心地よいというか。

こういう立体の世界を通じて出あう、儀さんをはじめいろんな方々、まわりにいてくれている人、ここに来てくださっているみなさんを含め、そういった方々とのつながりや、その人々が〇〇〇〇〇〇〇〇〇〇〇〇〇〇〇*なんですよね。

昨日まで、別の場所で合宿みたいな形で集まって作っていたんですけど、そこにいる人たちが明らかに輝いていくのを目（ま）の当たりにできるというのが、非常に幸せだなあと感じることができるし。

みんなが変わっていっている姿が、本当に美しいんですよね。

時折、涙する人もいれば、笑いころげる人もいるし。一人ひとりが、違った感覚を持ち、違う感じ方をし……というようなところも、また何かを垣間（かいま）見るような気がするといいますか。

そんな中で、過去の自分がポンと浮かんだり、また今度は、この先の自分がポンと浮かんだりだとかして。

本当に不思議な世界を見せてくれるなあと、思ったりするんですけどもね。

この立体フラワーオブライフの中の方の構造（亀＝ベクトル平衡体をもとにした立体・145ページ参照）なんかは、そういうふうに見えるのかもしれないんですけど、僕は個人的に、なんだか女性器の集合体にも見えるなあなんて、以前から思ったりしていたんですけど。

こういう立体に取りくむ女性たち自身が、そんなふうに感じているようで。

ある方は「すごく愛おしい」っておっしゃったんですよね。

本当にそのとおりな気がして。

僕たちが本当に知らなくちゃいけなかったり、見なくちゃいけない世界というのは、本当の歓喜の世界であって、頭の中で思って考えているような世界ではまったくなかった、というところに、立体にふれながら入っていけるといいですよね。

非常におもしろい世界に住んでいることに気づきますよ。

立体フラワーオブライフ

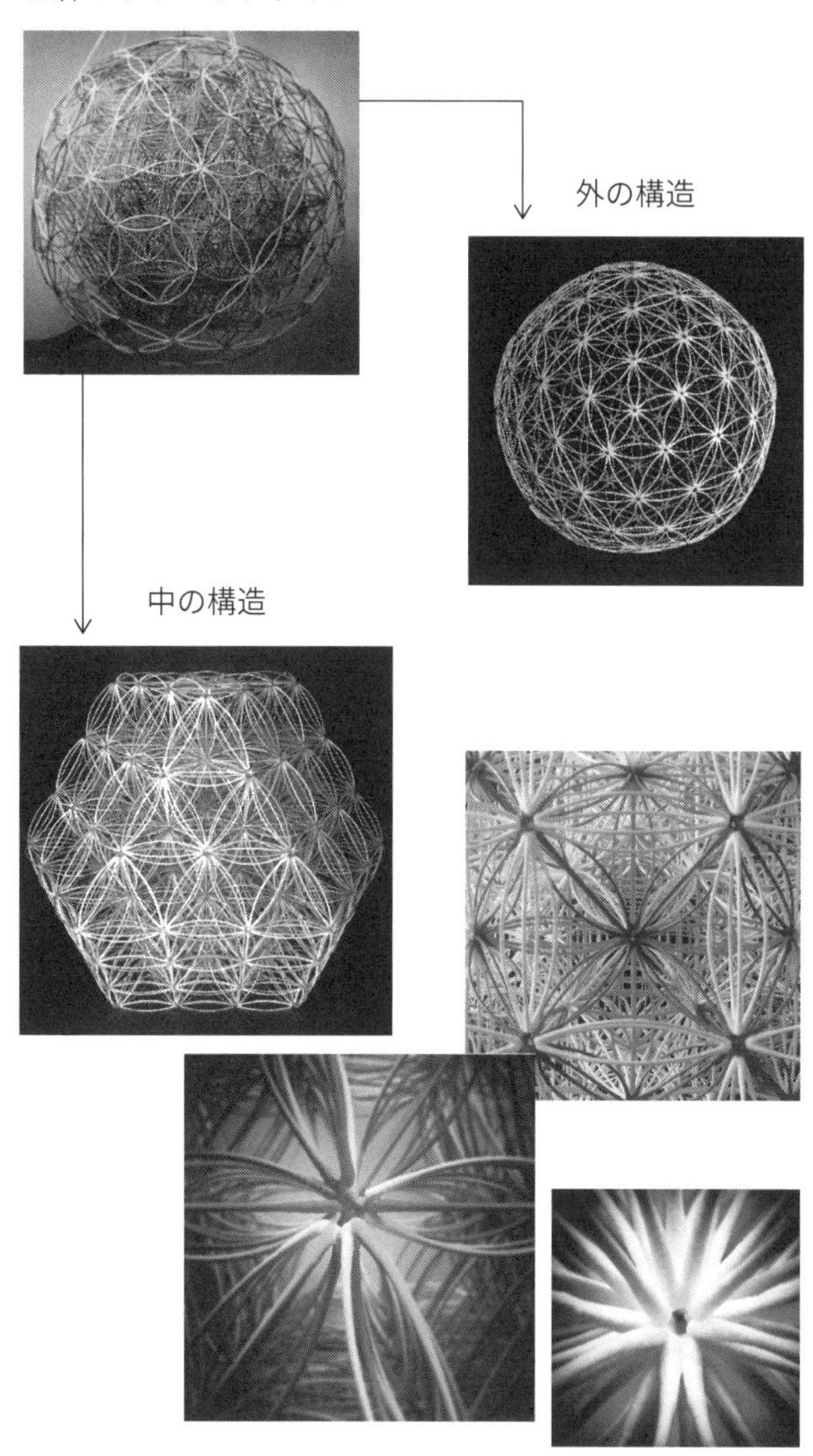

その人の内側から出ている何かが人を引きつける磁場を形成する

トッチ　こういった立体が、本当に世の中を変えていってしまうようなものだとしたら、ですよ。今ここでこうやって見えているリアルが、どれほどすごいお話になってしまうか。

「すごい」と言われている人はいっぱいいるのに、そんな人たちが、誰も、麻の葉模様そのものが宇宙の真理だったということに気づかなかった、というね。

そうしたら、どこにすごい人がいるのか？　ということになりますよね。

だから、「すごい」と言われていること自体が、そもそもズレているのかもしれないんですよね。

ずらされているというか。

農家の方とか、衣食住に関わって人の生命(いのち)を支えて生きている人たちというのは、すごく魅力的だし、美しいし、かっこいいと思うんですよ。

でも、今の時代は、そういう人たちにスポットを当てることはなかなかなくて。

そうじゃない人たちを、かっこいいとか美しいと思ってしまうことの矛盾といいますか。


これから、本当に「中」を見ていく時代になっていくと思うんですよね。

「中を見る」というより、「中のエネルギーを感じる」ようになると言った方がいいかな。

その人の内側から出ている何かが、人を引きつける磁場を形成するんだということがわかってくると、そのエネルギーを感じるようになってきますよね。

そしてまた、このベクトル平衡体がトーラス構造で。建築ではトラスと言ったりしますけど（148ページ参照）。そういう仕組みだとしたら、作っていれば、勝手に自分の磁場をイメージするようになるわけです。

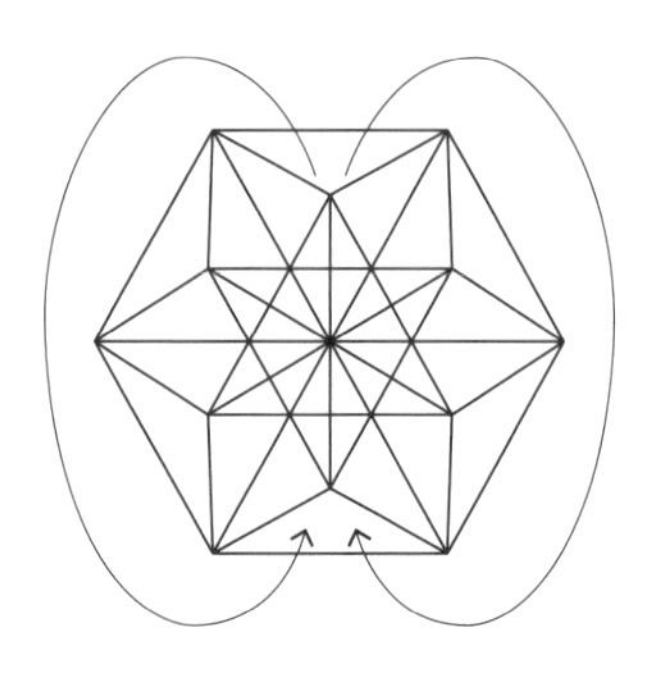

ベクトル平衡体はトーラス構造をもつ

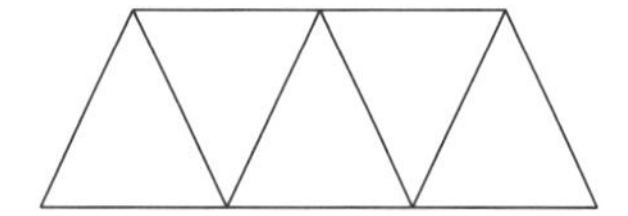
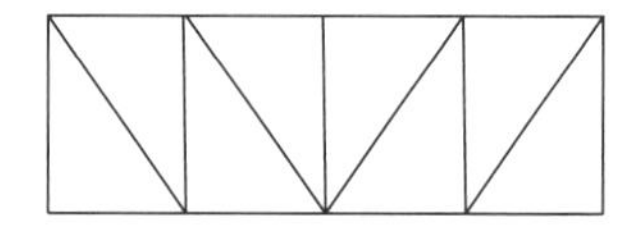

三角形を基本単位とした構造形式「トラス」

自分だけじゃなくて、人を見たときに、この中に包んであげるようになるから。

そういうことができてくると、おもしろい感じで世の中が見えてきたり、見たり、バリアみたいなものがつくられたりといったこともできるようになりますね。

知るのではなく思いだす作業

トッチ　たまに僕は「一筆書きの六芒星（ろくぼうせい）！」とかボソッと言うんですけど。みんなはそういうことに対して、あんまり関心をもたない。

すごく意味があるからお話しするんだけれども、その奥をみんな見ない。気づかない。

一般的な見方、考え方で聞いていていたら、それがどうしたの？　で終わっちゃう。

でも、それがどうしたの？　で終わっていたら、知ることはできない。

あと、多くの人は、準備ができていないのに知りたがる癖があるんですよね。

そこは謙虚になった方がいいというか。

自分が受けとれる器をつくっていく必要があるわけです。

その受け皿は自分で構築するしかなくて。


「キリストの聖杯」といわれるものを探している人たちがいる、あるいは管理している人たちがいるという話を聞いたことがありますけど。

「聖杯」というのを、そのまま受けとめたら、優勝カップみたいな感じでイメージしちゃうかもしれないですね。

でも例えば、漢字で「杯」を「胚」としたら、この球体（151ページ参照）そのままにならないですか？

中に入っている確たるエネルギーを生みだす、ベクトル平衡体の構造と（151ページ参照）セットでね。

「杯」を「胚」にすると

＋

中に入っている
確たるエネルギーを生みだす
ベクトル平衡体の構造とセット

卵みたいなものと考えてもらったらいいと思うんですけど。

「失われた聖杯」だったり「失われた聖櫃（アーク）」だったり、そういったものが、言いまわしが違うだけで、全部みんな同じものなんじゃないかと思うんですね。

この話も前にしていますけど、「ノアの方舟（はこぶね）」だって「アーク」と言うでしょう。

虹のような雲のこと、「環水平アーク」と言うでしょう。

それに引っ越し屋さんとかね。それはアートだけど（笑）。

溶接にも「アーク溶接」ってありますけど、プラズマ溶接なんだよね。

そうすると、そういうお話ぜーんぶ、こういう立体構造や立体世界のことなんじゃないですか？　というところまでいって……どえらい話になってしまうわけ。

まあ、僕が話しているのは全部ウソなんで。

本気には絶対しないでもらいたいんですね。

本当に信じちゃダメなんですよ。

よくない。信じちゃうのは。

このシリーズの何冊めかの本にも、「信じるな」と書いてあると思うんですけどね。

なぜ本当に信じてはダメなのかといったら、そもそも、すべてはみなさんの中にあるから。

思いだす作業だっていうことなんですよ。

新しく知るのではなくて、内側から本当の自分というものを出してあげる作業だから。

ここに座っているのが「いつわりの自分」だとしたら、めっちゃウケません？

「じゃあ、自分は誰だ？」となりますよね。

自分が誰だかわからないような領域に行くと、結構おもしろいところに入りますね。意識的には。

エネルギーを無駄に出しすぎない

トッチ　そうそう、妄想する人いますか？

あんまり手があがらないけど（笑）。

僕は、こういった立体を作っていく中で、想像したり妄想したり、といったことがなくなりましたね。逆に。

思ったことは、形になるから。

思っていることと動きが全部一致してくると、本当にズレがなくなるんですよ。

これはただの体験談でしかないから、今のみなさん自身と比較したりしなくていいですけど、いずれはみなさんもそういうふうになっていくように思うんですよ。

全部がともなってひとつになったときの自分というのは。

そうすると、エネルギーに満たされるんだけれども、そのエネルギーを無駄に出しすぎないところが心地いいわけ。

みんな無駄に出したがるけど、そうではなくて。いかに静かな波の中をキープするか。

こういった立体は、見るとみんなゆるやかな波になっているんだけれども。ほかの角度からきた波と一緒になって、円を描いているんですよね（156・157ページ参照）。

けれども、この波が大きくなってはじかれてしまったりすると、そのはじかれたものが円を描くには、かなり時間をロスしてしまうんですよ。

波が大きくなるのは、「おもしろい～」「たのしい～」と盛りあがったり、怒りがこみあげてきたり、感情の起伏が起きるとき。

感情の起伏があったりすると、その円は大きくはじかれてしまって、そのはじかれたものが円を描くようになるには、かなり時間がかかるということなんですよ。

だから、いかに自分をゆるやかな波の中に入れてあげるか、というところが大事。

曲げた綿棒で作るベクトル平衡体

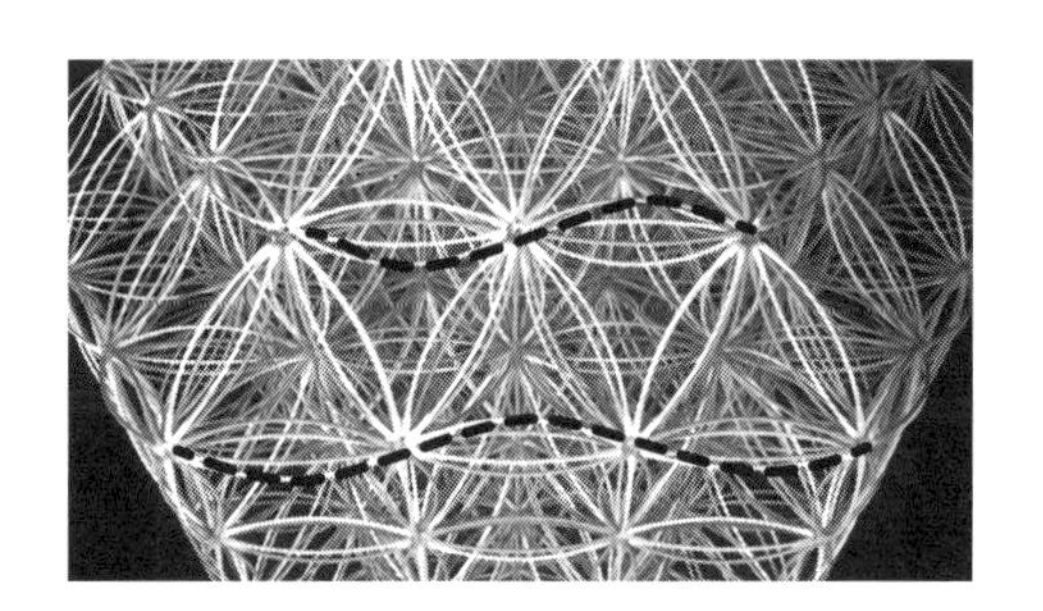

波ができる

ゆるやかな波になっている

ほかの角度からきた波と円を描く

「能ある鷹は爪を隠す」といいますけど、みなさんも、いかにその能力をしまえるか、というところがポイントになってくるんじゃないかなと思うんですよ。

今の社会とは、だんだんアピールの仕方も変わってきますし。

今までとはまるっきり違う感覚を手に入れるということ。

それほどまでに変わらないと、何も変わらないということ。

「中」の自分と「全体」の自分とをくらべる

トッチ　僕はさっきジャンパーを着てしまって、今、暑くて仕方ない（笑）。

でも、ここで脱いではならないっていう声も聞こえますし、ただこの暑さを体感して汗を出すっていう必殺技を見せようかななんて思ったりして（笑）。

これも一種の化学・科学じゃないですか。

黙って話しているだけで、だんだん暑くなってきて、そのうちポタポタ汗がたれて。

これが自然界のすべてに当てはまるわけ。

でも、普段はそんなふうに考えないですよね。

自分がただ暑いって汗をかいただけのことが、自然界の摂理と同じことだというふうには考えないかもしれないけど、これからは、「大きい方」と「小さい方」、「中」と「外」でもあるし、そういうふうに逆側の相手を考える。

逆側の相手というのは、なにも僕とあなた、という世界の話ではなくて。「全体」と「個」というところをくらべる。

そういう比較は必要であって、それはエネルギーを見ているということなんですよね。「中」の自分と、「全体」との自分とをくらべている。

「測る」といった方がいいかもしれないですね。

経験といったものを通じてしか測れない、そしてその差を知って「ああ自分はまだ足りないや」ということが見えてきたりだとか。

知れば知るほど奥があるっていうね。

常に学んでいないと、こりゃダメじゃねえか、ということに気づいてきちゃうわけです。

よく礒さんが「ってことは、トッチさん、終わりがない世界ということじゃないですか～！」とおっしゃるんですけど。「そのとおりです～」と返すという会話を毎回しているんです（笑）。

礒　１０８回はやりましたかね（笑）。

トッチ　そうですね。

今までのことは、ある程度学べばわかったつもりになれるけども、この立体世界のことは、シンプルに言って終わりがないんですよ。

つまり、今の自分から永遠に高次元の自分もいるし、永遠に下の次元の自分もいて。

歩みつづけるしかない、いつまでもわかった気になれない、っていう特典がついてくるんです。もれなく(笑)。

そして、その「いつまでもわかった気になれない」というおもしろさが感じられるようになってくると、学ぶということだったり、見る、聞くということだったりが、五感を超えた感覚で養っていける気がするんですよね。

気温が1度変わっただけで、どれだけの影響があるか

トッチ もし、みなさんが、本当に意識を違うところにもっていきたい、今の自分から変わりたいと思うのだったら、今までの価値観、そしてものの見方、感じ方、とらえ方というものを、本気で変えるしかないと思うんです。

自分で考えるのではなくて、地球とか宇宙ベースの変化を見て学んでね。

天気にしたって、何にしたって、今年だって台風が結構大きいのがあったじゃないですか（当書籍のもととなるセミナーが開催された２０１８年には、平年を上回る29個の台風が発生。平成30年7月豪雨の発生要因となり、広島県や岡山県に大きな被害をもたらした台風7号、大雨により和歌山県の熊野川が氾濫した台風20号、台風による高潮などの影響で関西空港の滑走路の浸水、連絡橋にタンカーが衝突するといった被害が出た台風21号などがある）。

これからの日本というのは、台風の規模なども、大きくなっていったりするんじゃないですか？　もしかしたらね。逆に、被害が少なくなる場所もあるかもしれないけれども。

そういったことを置いておいても、みんな真剣に考えなければいけないことがあって。

気象が変わるということは、食料自給率が本当に変わっていくということですよ。

今、近くにスーパーがあって、いろんな食料品がすぐに手に入っているかもしれませんけど、それも過去の幻想が見せている考えですからね。

今回は台風が来ても何ごともなかった、大丈夫だったかもしれない。でもそこには、見えないいろんな変化がすでにはじまっていて。

例えば、気象の変化——気温が1度変わっただけで、それが自然界におよぼす影響がどれくらいあるか、考えたことありますか？

海の水の量が変わっただけで、どんな影響があるか？

この前、伊勢の方の台風が、高潮のときに重なると大変だというので、国をあげて対策を検討しようというような話になっていましたけど。

台風は海の水を、海面を引っぱるわけです。

渦ができるから、引っぱって海面が上がるんですよね。

そこに高潮という状況が重なると、ただでさえ海面が高い状態なのに、さらに引っぱられて。

そうすると、陸地と水面との差が逆転するという現象があるわけでしょう？

これって、普段の生活の中でも起きうる話だということですよね。

ただ台風がきた、というだけではなくて、その現象が教えてくれることというのはいっぱいあると思うんですよね。

みなさん、天気予報で台風の雲の渦ばっかり見ているけど、そこで雲が渦になっているということは、雲に行くまでに回転しながら、回りながら渦になっている雲があるわけでしょう？

そこに横の渦があって、その上もまた、逆の広がりを持った渦になっていて。

それを小さく見せればこのベクトル平衡体なわけです（165ページ参照）。

ということは、ある意味、ベクトル平衡体が回転して、回っているのが台風といえるんですよね。

そうやってものを見られると、それはそれで、またおもしろかったりしますよね。

雲の回転・渦によって台風が起きる
小さく見せるとベクトル平衡体

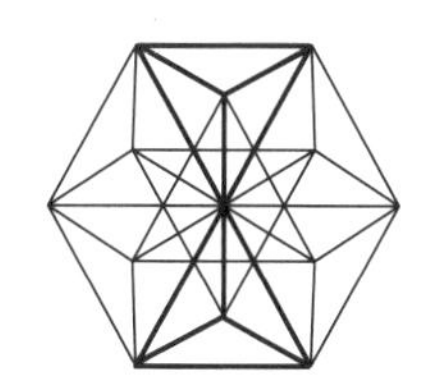

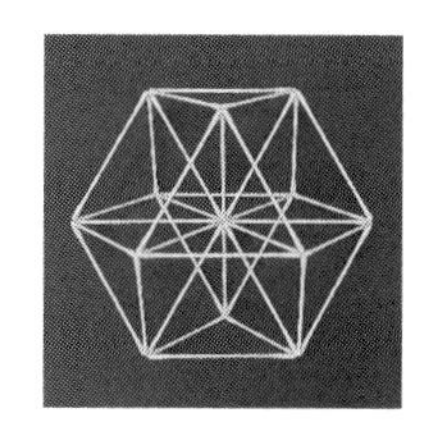

魂が動けば正義も悪もすべて同じことに気づく

トッチ　最近の台風は、過去に例がない、ありえないような回転をしたりするものがありますけど。

今、気象兵器といわれるものがあるのは、ご存じですかね？　地球物理学兵器っていう、気象を変動させるものですけど。

これは、一概(いちがい)に兵器とはいえないんですよね。

例えば、雨がまったく降らない地域に降らせることができる、そういう技術でもあるわけで。

つまり諸刃(もろは)の剣(つるぎ)で、どうあつかうかによって、何にでもなってしまう。

これ、立体フラワーオブライフなんて、特にそう。

だから、知れば知るほど、封印されてきた理由というのがわかってくるんですよ。

言葉にしてしまうと誤解を招くこともあるので、おおっぴらに言いたくないなあとは思うんですけども。

気象兵器にしても、ほかの国に対して使うことは国際条約で禁止されているんです。でも、自分の国で実験として使う場合には禁止されていないんですよ。

そういうものはない、存在しないと考えている人の方が、圧倒的に多いでしょ？核戦争について言っている人はいるけど、核戦争の時代じゃないんです。もっとハイテクな、いろんなものがすでにあって。

ただでさえ世の中を動かしている人たちと僕たちでは、見ている世界がまったく違うわけですよ。知っていることのレベルも、全然違う。

だとしたら、僕たちは利用されていると考えるだけではもったいない。利用していると思っている人たちが参っちゃうくらい、おもしろく生きちゃえばいいの。

その人たちと争え、じゃなくて、その人たちも笑わせちゃえばいいわけでしょ？　本当にそうだと思いますよ。

その人たちの「中」も立体フラワーオブライフでできているとしたら、究極的にひっくり返っちゃいますから。

反転。

それが日月神示に書かれている「一厘（いちりん）の仕組み」というか。

魂が動いてしまえば、正義も悪もないというか、全部同じものだった、ということに気づくときが、必ずきてしまうんです。

でも、全員が気づくときに気づいても、遅いわけですよ。実は。

みんなが気づかないうちに気づいて、その状態を保つことで、全員が気づく時代がくるわけです。

だから、みなさんがどっちの側にまわりたいか、それも一人ひとりが選べると思うし、どっちがいいとか悪いとかもないと思うので、自分の中で思う方に進めばいいと思いますし。

ただ、みなさんはここに来て立体を見てしまった以上、戻れないという特典がついてくるんですね。

勝手に発動してしまったりもするんで。

あとは知ーらんぺ、ということなんですけども（笑）。

もう、どのみち戻れないんですよ。知ってしまった以上は。

本質はなんなのかとか、魂とはなんぞやというところ、しかも形で見て影で見て。思わず見てしまったわけでしょう。

我々のさーくせんに引っかかっているわけです。

後から文句を言われても、受けつけませんから（笑）。


ふとしたときにつながる瞬間というのが、どんな人にもあって。

というのは、無意識の中に立体フラワーオブライフというのが入っているから。

麻の葉模様とか七宝模様とか、日本の和柄を含めて、無意識の中に入っているものが勝手に発動しちゃうんだから、たちが悪いですよね。

だから、今日で最後です。

シリーズ12回予定でしたけど、2回前倒して終わろうかなと思っているんですけども（笑）。

いや、それくらい、実はみなさん知っているものだ、ということ。

これから知ることなんて、逆にいえば何もないかもしれないんです。

全部が、思いだしていく作業かもしれないですしね。

そういうことを踏まえたうえで、自分で立体を作ったり、人が作ったもので感じてみたりしてほしいんですね。

本当に、おもしろいくらい時空間も変わる体験をするかもしれないですからね。

「大変な方」は大いなる情報の宝庫

トッチ　例えば、こういった立体を集中して作っていると、時間の流れというのは本当にないということに気づくといいますか。

空間と時間というもので考えると、時間なのではなくて、自分の質量、自分から出たエネルギーが、空間というものを左右するんでしょうね。

ここにある空間とは別に、自分の意識状態がつくりだす空間。そこは、時空のゆがみが生じるんだと思います。

自分が出すエネルギーの形によって、時間というものを感じる体感、感覚が変わる。

速くなったり遅くなったり、はたまた動いてない、時間が止まっているという状態になったりとか。

そういう感覚の中で、みんなでお話をするような機会があると、その周波数というものがあるんだなということを体感できるといいますかね。

儀さんとそういった話をしているときなんかは、お互いが周波数を上げあって話すと、普段のものではない会話がはじまったりとかしますよね。

そういうことは、みなさんの生活の中でもあると思うんですよ。

旦那さんと話をしているときと、お子さんと話をしているときでは、違うとか。

また、お友達と会っているときとも違うと思うし。

いろんな自分が、最初からいるわけじゃないですか。

それらをまた、まとめていくっていうことが、どれだけ大変だと思いますか？

もう、笑っちゃうくらい大変だから（笑）。

だから、その大変なところに、なるべく、よろこびをおぼえて。

大変だから、おもしろいわけです。

これがわかってくると、常に大変な方を取れる自分になる。

その「大変な方」というのは、本当に大変なわけじゃなくて、大いなる情報の宝庫だったということ。

みんな、簡単な方に行きたがるんですけどね。


「急がば回れ」っていう言葉もあるじゃないですか。

今、ここに球体がありますけど。

僕が今、まっすぐにこの球体に向かっていこうとしたら、はじかれちゃうんですよ。

球体が回転しているから。

でも、僕がまっすぐに行くところを、球体に合わせた速度と回転で進んでいくことができたら、球体にふれることができるわけです（１７４ページ参照）。

実際に、ＪＡＸＡにしろ、ＮＡＳＡにしろ、ロケットを飛ばして衛星を着陸させるということは、軌道に合わせているからできるものでしょう？

つまり、エネルギーというものは、置いてある、固定されているものでも、常に回転していると思って見てもらうといいと思いますけども。

まっすぐには行けないんだ、ということを知るわけです。

回転数を合わせたりとか、回ることで、はじめて入っていけるんですよ。

エネルギーは常に回転している

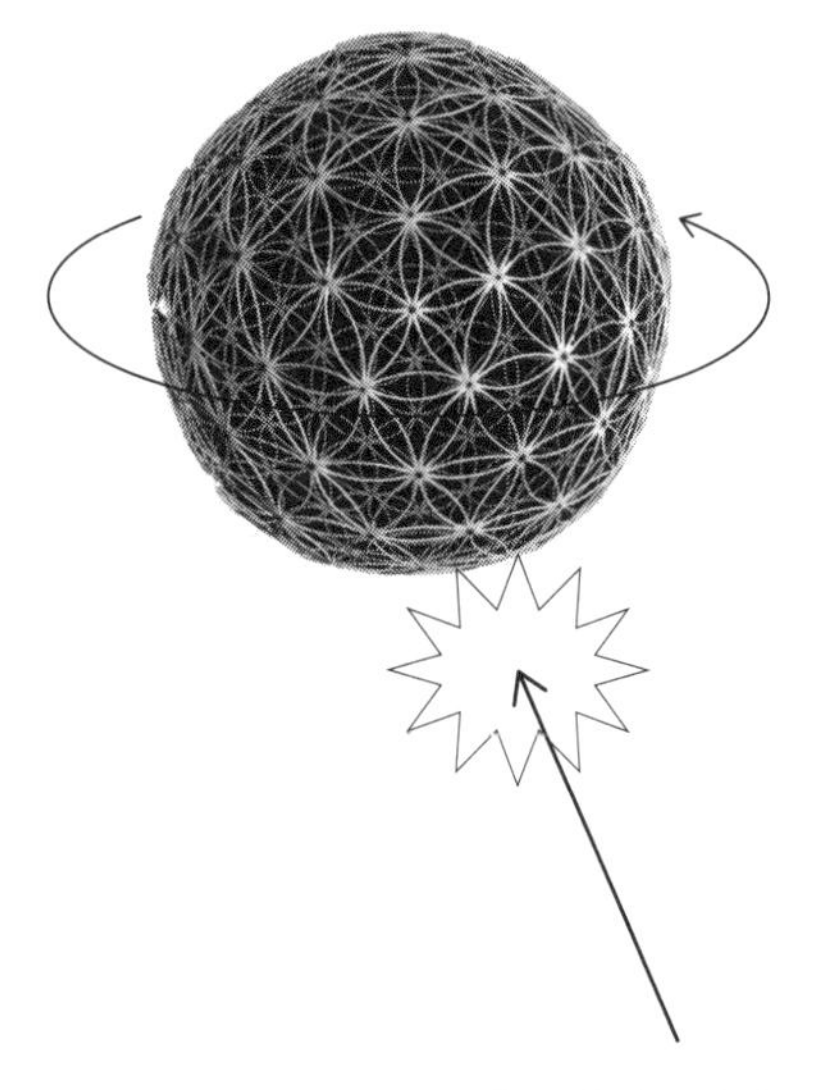

同じ速度・回転で進んでいく必要がある

近道より、うまく回れる「遠回り」を探す

トッチ　僕はラーメンをこよなく愛する男なんですけども。

例えば、「あのラーメン屋さんに行きたいな～」と、今思いますよね。

でも、まっすぐには行けないんですよ。

この部屋を出て、左に曲がって廊下を歩いて、左に曲がってエレベーターに乗って、降りて右に曲がってビルを出る……というふうになる。

だから、実は移動ではなくて、回転をしているわけでしょう？

みなさんもそうですよ。

今、「何か食べたいな～」と思って、まっすぐ行ったら、壁にぶつかるだけだからね。

それと同じことなんだ、ということを、常に頭に置いておいてもらえばいいと思

いますよ。

そうすると、近道を探すより、うまく回れる「遠回り」を探すようになってきますよね。

それが一番近い、ということを知るから。

だから、立体の世界に出あったからといって、無理して一気に情報をつめこもうとか、そういうのは今までの考え方で。本当に、じっくり時間をかけて理解をしていくものというかね。

かといって、ゆっくりしているわけにもいかないんですよ。これが大変で。

地球は待ってくれないの。変化しているの。

それを考えると、難しいんですよね。

つまり、圧力というか、エネルギーを高めて探求はしていくんだけれども、焦って近くに行こうとすれば、大変な道だし。

また、さっきもお話ししたように、まっすぐには行けないから、多少回るしかなくて。

それはときに、「迷いなのかも」と思わせられたりもするんですよ。

真実に向かえば向かうほど、それを幻想だと思う自分も出てきちゃうと思うんです。

ましてや、こんなヘンな2人がお話ししているわけだしね（笑）。

儀さんはともかく、かたや僕なんてね。

メガネはきったないし、歯は欠けてるし、テキトーの極みなわけですよ。

そのテキトーな極みも、おもしろく「中」を発動させれば、こんな立体を表現できて。

みなさんが本当に真剣になったときは、僕なんかよりも、ものすごいエネルギーを発揮すると思いますよ。

本当にすごいエネルギーを、一人ひとりが持っていると思うんですよね。

僕は、どっちかといったら、いかにサボるか、ということをいつも考える方なんで。

でも逆に考えると、無駄にエネルギーを使わないということだともいえるんですけどね。

だけどもちろん、こうじゃなくちゃダメだ、なんて強要することもまったくないです。

道で犬のウンコを踏んだら、まわりの人に自慢するだけですよ。

「見てくれ」って言ってね（笑）。

今までは、自分がミスをしたら、人からどう言われる、どう思われるという思いがあったかもしれないけど、そんなもの最初から見せちゃえばいいわけだよね。

そういうことが本当にわかってくると、おもしろく毎日を過ごせるようになってくると思うんですよ。

誰しもが。

だって、誰とも戦わなくてよかった、争わなくてよかったわけでしょう？

敵だと思っていたのは自分だけで。

自分がつくってしまった、いつわりの自分が立ちはだかってくるだけだったんだ、というところまで気づいていくと、おもしろいですよ。

ゴロ合わせ、デジタル表記もフラワーオブライフ

トッチ　本当に立体世界を探求していくと、勝手に数字が入ってくるんです。

立体は数字の集合体だから。

形を見ているようで、数字を見ているんですよ。

例えば、正三角形というのは、60度、60度、60度でしょう?

それがミロクなんですよ。

でも、その形がゆがむということは、数字が変わってしまうわけで。ゴロが合わなくなる。

ゴロ合わせ。56合わせ。

この立体は、5と6の集合体ですよ（180ページ参照）。

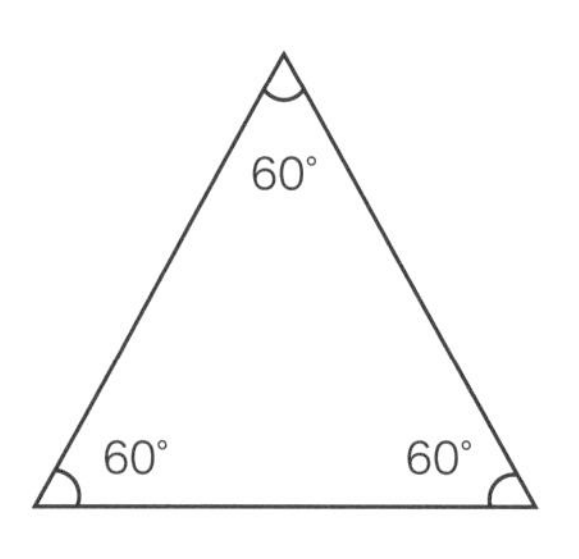

正三角形は３つの 60 度

ミロク

中の構造

外の構造

５と６の集合体

これそのものがゴロ合わせであり。

いろんな数字が書けるのがわかりません？

8もあるし、6でもあるし、9も入ってるしね。

デジタル表記ってありますけど、この立体でデジタル表記をしたら、いろんなものが書けますよ（182ページ参照）。


このグリッドのすべてに、スピーカーとか、カメラとかがくっついていたら、ホログラムなんて余裕でできませんか？　すべての角度からの映像をあわせたものになりますからね。

3Dプリンターにだって、なりますよね。

何にでもなっちゃう、何でもできちゃうものだったというわけ。

そうすると、あまりにもヤバイものに気づいてしまったと驚愕して、オナラしたくなるんですよ。

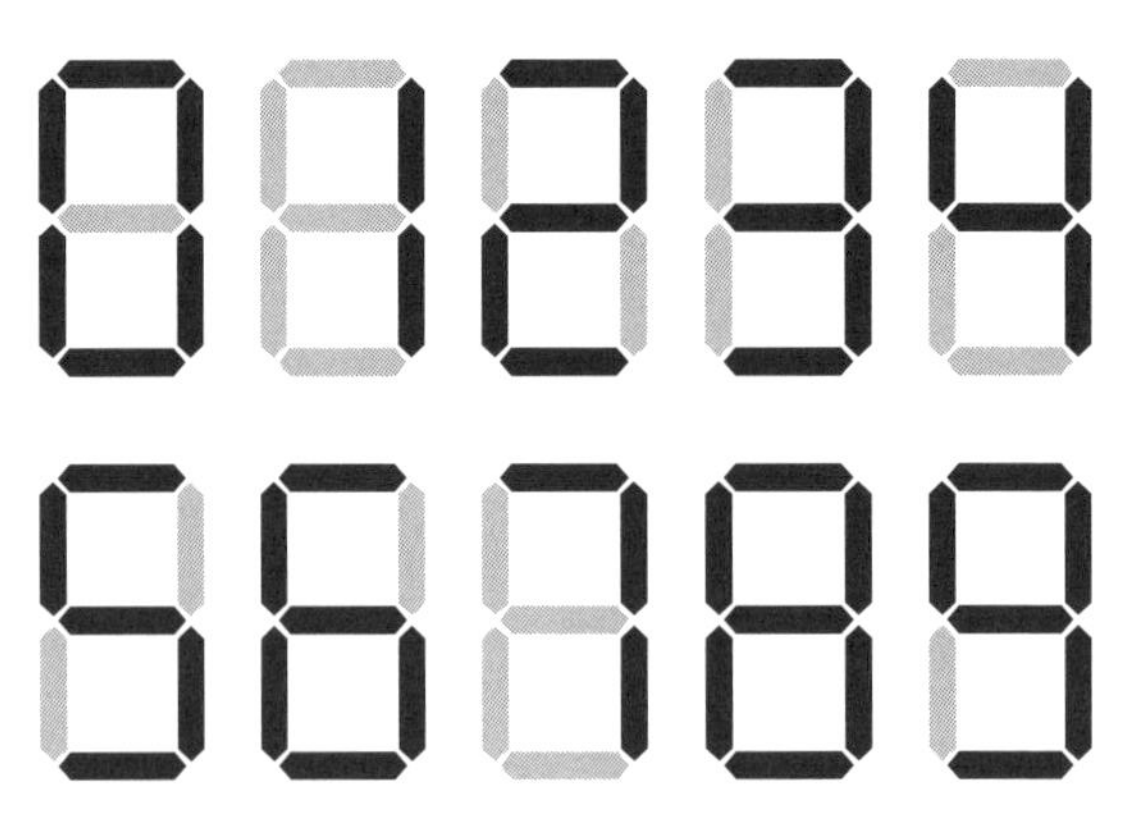

デジタル表記　いろんなものが書ける

プーッつって。

そうなってきたら、アセンションしてきた証拠だと思う(笑)。

だって、本当に違う自分になるわけだから。

アセンションというのは、違う自分だから。

今までの自分が認識しているところというのは、今までの領域であって、アセンションしたら全然違う認識になるわけで。

次元が変わるというのは、それほどまでに変わるはずなんです。

この国が何を守り、何を残そうとしているのか

トッチ　縄文時代に木の棒を使って火をおこしてました〜とか、動物の毛皮を身につけてました〜とか言われてますけど、本当ですかね？
毛皮なんて、エクステかもしれないよね。

歴史も、全部鵜呑みにするのではなくてね。

知らない歴史の方が明らかに多いし。

日本なんていうのは、ある意味、歴史を一番隠している国でしょう？

そうなってくると、その国に生まれそだった人たち、また暮らしているだけの人でもいいですけど、みんな、あまりにもすごすぎるこの国の、本当の姿を知らずに生きているもったいなさ。

この国が何を守ってきたのかということ、何を後世に残そうとしているのかというところに立ちかえっていけると、自分の中にめぐるエネルギーが変わりますよね。

メグリ——残像を抜ける

トッチ　日月神示にも出てきますけど、今までの「メグリ」をとる必要というのがあるんですよね。

今までのメグリ。

つまり、こういう立体世界を知っても、今までのメグリ――残像を見ちゃうわけですよ。

そこから抜ける必要というのは、本当にあります。

立体世界を知ってわかったつもりになるのが、一番アウト。

そこはまだ発動していないから。

立体世界を知ってから見るこの世界、現実というのは、どちらかといったら、まだ残像なんですよ。

自分の中が、本当に切りかわってから映しだす、未来がつくる現実は、かなり遅れてやってくるわけで。その差を知らないと苦しんでしまう。

そこにはズレがあるんだ、ということがわかっているといいですよね。

その苦しい最中はもがくけれども、「あれ？　落ちついてみたら、息ができた」

みたいになるんじゃないかな。
そういった感じでとらえてもらえると、わかりやすいかなと思いますけど。
でも、わかりにくいと思います（笑）。

今、目にできなくても法則にもとづいた軌跡が実在している

礒　私自身も時間軸のズレというものに、少しずつですが、信頼がおけるようになってきたのかもしれません。
これまでは、自分が定めたタイミングまでに形にならない（結果がでない）と、意味がなかったとか失敗したとか思っちゃった。目に見えない世界をなきものにして生きてきたのですから、当然ですね。

立体を作る体験を通じて——例えば、中心を目視（もくし）することができるマカバの形霊（かただま）を作るために１８０本の綿棒が必要となりますが、これを３重構造のベクトル平衡体（亀）までふくらませていくのに、さらに４８０本の綿棒を要します。マカバから４８０本目の綿棒が接合されて、亀の形霊が出現します。

途中、例えば３９０〜４８０本目の綿棒を接合したときには、亀の形霊を目にすることはできません。

でも、そのとき、残り90本の綿棒をどのような順番でどこに接合すればよいか、体験したことのある意識には全部わかっているし、90本の綿棒が加われば、亀の形霊が目の前にあらわれることを理解している。

今、形として目にすることができないものも、形の完成に向けて、着々と進んでいる、法則にもとづいた軌跡が実在していること、時が満ちたときに、それは形として目の前にあらわれることを理解することができるようになった。

法則にもとづいて未来を予見することのできる意識が育（はぐく）まれている気がします。

法則性が両手を通して身体や意識に融（と）けこんでくると、日常のあらゆる場面で、目の前に結果があらわれていない時点においても、さまざまな角度から真実を見出していこうとします。

意識的に待つことができるようになってくると、進み方もより洗練されてきますね。

潜在意識の領域でも過去に失敗したと思いこんでいた記憶の書きかえが、自然と起こっているように感じます。

火と水は同じ——はじめからよろこびの中にいた

トッチ　この球体は、水のエレメントと電気のエレメントを主とした構造ですけれども。

例えば、本当にひとしずくの水のかたまり、本当に1滴。その中も、こういう構造になっているんですよね（189ページ参照）。

1滴の水の中も

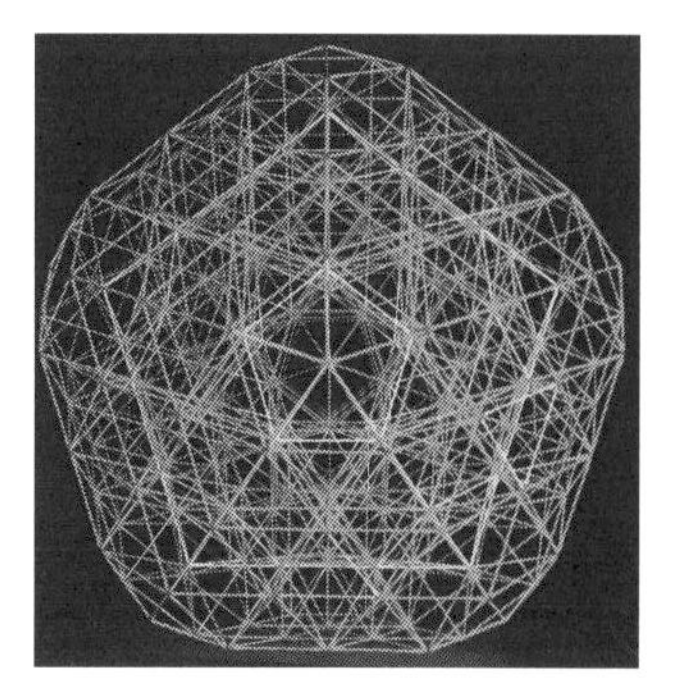

水と電気のエレメントをメインとした構造

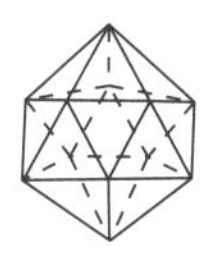

水
（正二十面体）

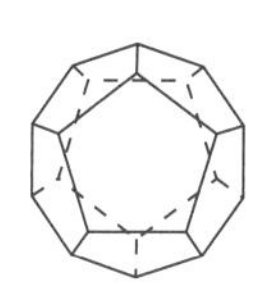

電気・スピリット
（正十二面体）

そう考えると、僕たちは、なんと何も見てこなかったんだろうと。

この構造を作った人はわかると思うんですけども。

水を作っているはずなのに、火のエレメントが生まれてきて、風のエレメントが生まれてきて、さらには火の集合体のベクトル平衡体まで生まれてきちゃう（191ページ参照）。

そう考えると、火と水も同じものじゃないか、ということに気づくわけです。

水が目に見えるときは、中に火が入っていて。

火をメインとして見るときは、中に水が入っていていてというふうに。

またそれらの間には、空間という風もあって。

そういった感じでものを見られるようになってくると、最初からよろこびの中にいたじゃないか、と気づく。

違うところによろこびを求めていたということですよね。

そこに気づいていってもらえればいいなあと思います。

水と電気・スピリットの構造体

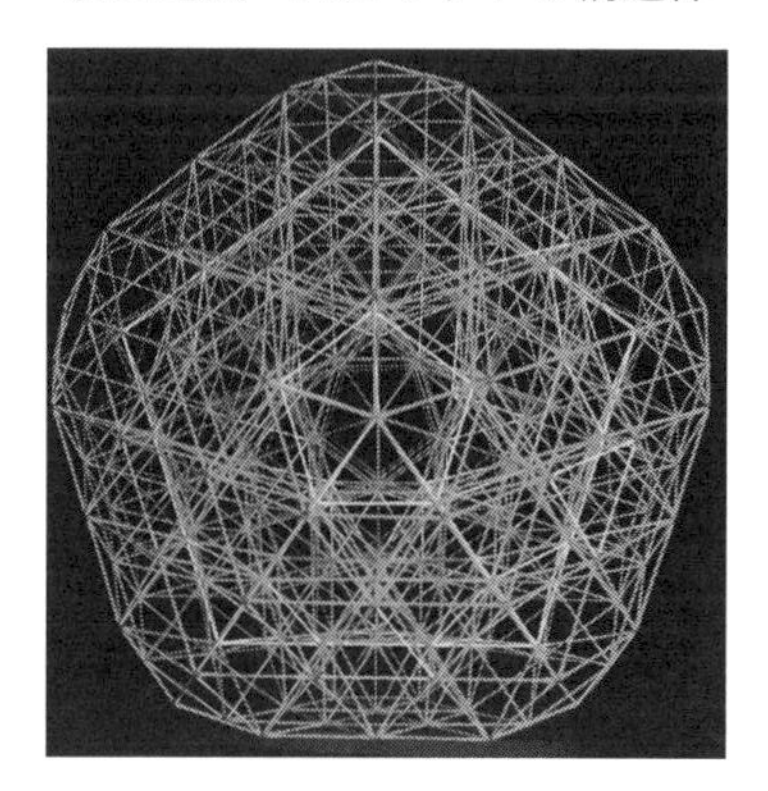

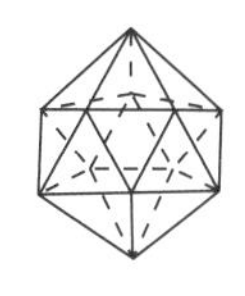

水
（正二十面体）　から展開するが

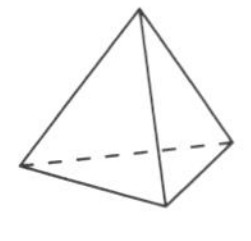

火
（正四面体）　があらわれ

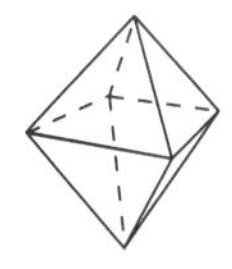

風
（正八面体）　があらわれ

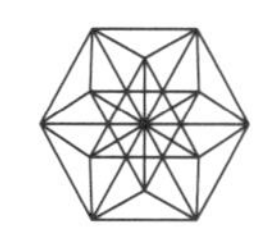

ベクトル
平衡体　まであらわれる

では、本日はここまでにしたいと思います。
ありがとうございました。

＊１４３ページ７行目の◯表記は、著者の意図による表現です。

参考・引用文献

『[完訳] 日月神示』〈上巻・下巻〉岡本天明書／中矢伸一校訂（ヒカルランド）

ちょっと、トイレ行ってくる。

トッチ　とっち
神聖幾何学アーティスト
幼少期よりフラワーオブライフや麻の葉模様、カゴメ模様に惹かれて育つ。
15年ほど前、ふと訪れた神社で、狛犬が踏んでいる手毬の模様がフラワーオブライフと同じであることに気づき、電気が流れたような衝撃が走り、以来不思議なビジョンを見るように。
東日本大震災を経て、さらに神秘体験を重ねるようになり、生きること・世界・宇宙の本当の意味を探す決意をする。
導かれるように日本各地を旅する中で『完訳 日月神示』に出合い、神聖幾何学の秘密、日月神示の意味について確信する。
www.tflow-aa.com

礒 正仁　いそ まさひと
古神道探究・実践者
物質的な欲望を満たした先に感じた痛烈な虚しさから、魂が真に求める在り方への求道の旅が始まる。
「永続的な悦びとは？」「永遠不変なる真理とは？」「本質的な祈りの力とは？」
あるがままの自分への回帰という魂の想い。見える生命（いのち）見えない生命（いのち）との響き合いの中で本来の自分を活かす悦び。
自身のチャレンジを通じて、それらが生み出す奇跡の波乗りの体験を分かち合っている。

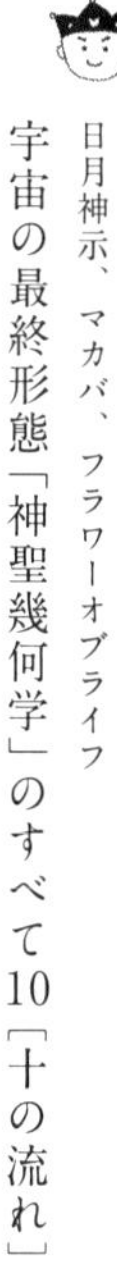

日月神示、マカバ、フラワーオブライフ
宇宙の最終形態「神聖幾何学」のすべて10［十の流れ］

第一刷　2021年9月30日

著者　トッチ
　　　礒　正仁

発行人　石井健資

発行所　株式会社ヒカルランド
〒162-0821　東京都新宿区津久戸町3-11　TH1ビル6F
電話　03-6265-0852　ファックス　03-6265-0853
http://www.hikaruland.co.jp　info@hikaruland.co.jp
振替　00180-8-496587

本文・カバー・製本　中央精版印刷株式会社

DTP　株式会社キャップス

編集担当　遠藤美保

ISBN978-4-86742-017-1